Alain

Propos
sur le Bonheur

論　幸　福

目錄

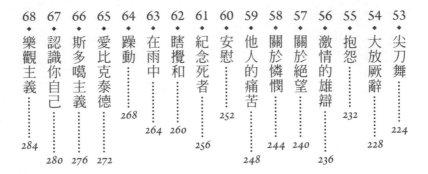

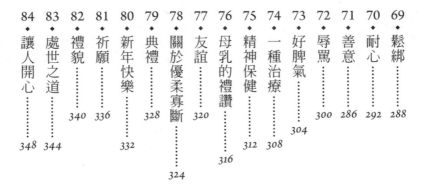

獻詞　致莫爾－郎百蘭夫人[1]
Dédicace: à Mme Morre-Lambelin

我很喜歡這本文集。[2]立論似乎無從指摘，雖然問題被細分成無數個小部分，而事實上，幸福正是由許多小部分組成的。脾氣的每個變化都來自於短暫的心理事件，我們卻擴大它，並賦予它神諭的意義。由此而生的各種脾氣就開始製造不幸，我所指的是那些沒有什麼嚴重的理由可以導致自己深陷於不幸當中的人，因為這種人的不幸完全是自找的。對於真正的不幸，我不予置評，不過，我仍舊認為脾氣會加重不幸的處境。您還記得賈斯頓．馬萊伯（Gaston Malherbe）在他任職於莫爾萊區（Morlaix）區長的期間，他曾對我說過的那句話：「瘋子都是惡意的。」我幾次反覆思忖這句話。我認為所有的瘋狂始於對所有事、甚至是不相干的事，都看不順眼的態度。這是一種戲劇化的脾氣，精心安排、十分入戲，卻往往因為表演過了頭，而遺忘初衷。想要把不幸傳播給別人，這就是惡意的。而之所以會被別人的幸福給激怒，那是因為認為別人愚蠢且盲目。瘋子身上有種勸人信教的熱忱，他們首先不願被治癒。而鴻運當頭也治不好瘋子，這個想法使人明白箇中道理，瘋子就像我們每個人處境的放大版。怒火是可怕的，倘若人們還朝著火吹氣；怒火也是可笑的，倘若人們任由它熄滅。這也是幸福的道理，它取決於零碎瑣事，即便它也與大事相關。如果我寫的是一本《幸福論》（*Traité du bonheur*）的書，我會談論並解釋這番道理。不過從某些角度來看相去甚遠地，我們（主要是您）選擇寫作幸福的零碎看法（Propos）。我以為這種做法不無風險，因為讀者無從顧及作者的初衷。無論序言提到什麼，讀者總是在期待著一部專論。也許我注定要寫幾部如《美術體系》（*Système des Beaux-Arts*）這樣的專論。這番絮語無非就是為了把這本美麗的文集獻給您。因為它主要是您自由選擇的呈現。

阿蘭

一九二五年五月一日

1 瑪麗－莫妮可·莫爾－郎百蘭（Marie-Monique Morre-Lambelin, 1871–1941），作者阿蘭的摯友，也是他許多著作的合撰者。

2 魔羯座叢刊的初版本，收錄六十篇觀點論述。（原文註）

譯者導論

成為自己的思想者

潘怡帆
巴黎第十大學
哲學博士

哲學家阿蘭（1868-1951）是思想的行動者。他承繼了笛卡兒的哲學思辨，然而從行事風格來看，他則是接近蘇格拉底的思想者。這意謂著，比起建構一個足以容納整個宇宙的知識體系，他更在意思想運動的不斷啟動；比起關心存有起源的問題，他更樂意探尋人該如何生活的問題。這都是哲學思想的重要關懷，而阿蘭選擇了付諸行動，這一方面呼應他的生命養成，另一方面也實證了他所謂教育的意義。

在二十一世紀的今天閱讀二十世紀初的作品或許有些不合時宜的疙瘩，如同散落在本書篇章裡，時而可見的馴馬、駕馬車、蒸汽火車等，除了時光逆流的倒轉感，也有觀念老舊的嫌疑。事實上，在哲思學習的過程裡從來不乏如此疑慮。身處於光影搖晃二十一世紀的我們（讀者）是否仍有必要學習柏拉圖、尼采、老莊、儒家等古典思想？倘若每一種新的哲學都是對過去既有思想的批判與改良，最經濟的法則難道不正是挑最新出爐的想法來讀即可？這種對知識內容的去蕪存菁或許是哲學與科學間的最大區別。對科學而言，求真求新是根本信念；哲學做為眾學門之本，除了涵納這兩個特點之外，更涉及一種思想技術的鍛鍊。與其給人一條魚，不如教人學會用釣竿；與其給人一套道理，不如教人學會自己釐清道理；學會如何思考是哲學最基進的價值，這也是何以在任何時代裡哲學都不可能過時的原因。哲學的內容做為一種知識論，或許有汰舊換新的必要性；但它做為促發思考的運動，卻是使人有必要一再回溯各個哲學家思想脈絡的原因。我們應當認識的是如何思考，而非執記思想的知識，而這也是阿蘭與其作品所帶給我們最核心的啟示：以思想啟動思考。

來自飼育名種馬（佩爾什馬）的民族與獸醫之子的成長背景，阿蘭的教育從不僅止於紙上的閱讀。他的書寫裡一再出現動物的譬喻及體察，例如「動物沒有脾氣」（第12篇）、「像馬車夫駕馭馬匹一樣控制情緒」（第53篇）、「動物完全受制於即將來臨的暴風雨控制」、「動物不會多想」（第66篇）等，在在說明他的日常不乏與動物接觸的真實經驗。這種身體力行的認識隨著閱歷的增加，逐步轉化成對各種生理探究的興趣與要求直接行動的「實事求是」態度。比方說，他認為藝術家可以透過身體操演熟練的運動（鋼琴家靈巧的手指運動）去掃除、戰勝恐懼（第17篇），而想像則可能會倍增人的痛苦（第9篇）；阿蘭的想法極其實事求是，因為他的觀點總是根據不同個案的內部結構來論證，總是針對糾結處境的實際化解，好比透過農人的勞動說明快樂源自於積極爭取、透過失眠來說明放任思想的危險等等，這使得他的道理往往深入淺出、切中核心，然而，這種與個案同步的思維卻也為他帶來最大的危機，思想因此出現不一致性。

隨著個案間的差異，阿蘭的論述經常也跟著改變。例如在不同的情況下，他有時會推崇想像，認為它有益於治癒憂傷，但他有時也貶抑想像，認為只會加重憂傷（第5篇、13篇），他在某些章節中指出戰爭對人類安寧的摧毀性，可是卻又在其他文章裡分析戰爭如何為人帶來平靜（第79、92篇）。但阿蘭從來不是一個態度曖昧的思想者，相反地，從他的書寫當中，讀者總是能夠立即感受到他明快、果決的判斷力。他每每提出不同觀點所致使的矛盾，而現實、具體的事件總是一次性與不可能重複的，因此所有面對生活處境的方法都應該因時制宜，因此必然無法一以貫之，誠如他所言：「無所事事雖是所有惡習的溫床，這同一張床卻也養育了所有的美德。」（第43篇）同一種主張可能會酌情之別而導致好壞兩面的結果；人在窮極無聊的時候可能會無事生事、挑釁造反的行惡，但是什麼都不做的人也同樣阻斷了行惡與暴力的可能，因為他的思想不受身體運動的干擾，從而避免了一味行動的後果。阿蘭的這番道理說明，強調應當時刻採取行動的他並非天真到毫無注意伴隨即起行動而來的不思考之惡。他從不認為有「一言以蔽之」的道理，這促使他大量書寫不同的事件與針對各個事件的不同看法，然而，在這些論述之間彼此不同調的矛盾從未使他放棄依據個案提出該勇於行動，或該克制行為的各種堅持。他隨著不同事件而搖擺的態度，最終會如同他反戰又參戰（第一次世界大戰）的爭議行徑，使自己成為自己的頭號大敵。在每一篇隨筆中，阿蘭的論點都顯得如此鏗鏘有力，但或許正因為他總是言之鑿鑿，才更凸顯了他思路上的前後不一。當讀者已然被上一篇文章裡的阿蘭說服的時候，該如何繼續面對下一篇書寫裡的那位顯然已更換立場的阿蘭？偏偏作者的驟變，從來不只是對同一種觀點的幾經反省後的修正、微調，就如同他始終反戰，也始終承認、面對那個曾經參戰過的自己一樣，那就是兩種，甚至兩種以上的想法、態度。這種堅決的語調與姿態最終促使他成為自己思想上的最大背反與爭議。

不成系統的論述造成了阿蘭哲學思想上的最大困難，這也是任何企圖繼承、構造其思想的追隨者、研究者們的最深隱憂。因為一旦脫離了他所描述的實際場景，阿蘭那曾看似強而有力的各種觀點便會開始搖晃，且顯得立論薄弱。多重可能的選擇反而會招致人的無所適從，這使得事事堅持變成一種難以捉摸的毫無堅持，實事求是其實可能是無跡可尋的毫無表態。於是，遵循阿蘭的思想從看似簡單卻變成最困難之事，因為只要處境不同，處置方法便無法被沿用。誠如他所說：「現實的災難不會重演。」（第9篇）阿蘭對個案講究實際介入的態度使得他在置身困境之時，與其推測困境的成因，他更在意如何解決眼下的問題。由此發展出來的酌情處置擴大了他論述的龐雜，各種細節上的差異因此無法被忽視、也無法被歸納成具有一致性的體系。即便在本書中的〈布賽法勒〉，阿蘭用「找別針」隱喻「事出有因」與「尋找原因」的重要性。然而，他的「尋找原因」

仍是目的導向的，也就是為了「解決」問題，而非一種對理論、根源上的「起因」探究。這也是為什麼他不討論思想與憂鬱之間的抽象關聯，卻實際地提出身體運動的「處方」來解決憂鬱的問題。由此看來，阿蘭的「原因」做為解決方案（處方）中的之一，總是指向一種具體、可描述、可想像的情況，好比焦躁與睡不飽有關、暴力與恐懼有關；其目的在於解決、消除，而非進一步的探究、複雜化以便形成理論體系中的環節。因此，看似不斷透過論述來解答疑難雜症的阿蘭，一旦逃離了他筆墨下的描述，似乎什麼也未曾解決。然而，這樣不一致、搖擺的思想也許正是阿蘭的哲學中最精采、最核心之處，也是他將自己徹底置於傳統倫理學之外的根本姿態。

表面上，阿蘭針對人的各種處境、生活展開討論，這使得他所具體提出的處世之道很容易被視作倫理學準則。然而，無論是從他本人的書寫或原著編者的說明裡，都再三重申著他與倫理學之間的不同。即便阿蘭大量地討論幸福、教育、道德等生活議題，他的論述仍然有別於倫理學。因為相較於倫理學的系統性思想和指導生活態度與行為的準則，阿蘭提供的是無法被遵循的守則，或者更正確地講，他透過無法被按表操課的法則，以便促使思想運動。在阿蘭的文章裡，確實可以找到許多行為的準則與建議，然而這些建議與觀點往往會隨著他所描述的不同時空場景，產生自相矛盾與相互抵消的結果，這使得他的眾多「處方」變得無效。而這種無效或許意謂著另一層意思：照本宣科的重複與教條是不可能的。脫離阿蘭所描述的框架即失效的建議說明著，他的論述並非一種應當被遵循的刻板守則，他的解決方案不是為了被如法炮製、重演，而是為了促發思想運動。誠如他所說：「我的一番道理全是詭辯，卻深合我意；這些經常也是能一棒敲醒我智性的清明。」（第6篇）「合意的詭辯」與「能敲醒智性的保持清明」說明了阿蘭的重點顯然不在於真相的追查，或解套方式的提供，而在於如何維持一種智性的清明狀態。阿蘭所考慮的是如何培養自我反思及自行解決問題的能力，也就是如何成為一個思想者。因為再大量的書寫也無法涵蓋世間所有困頓，與其提供永遠不足的藥方，不如使人成為自己的醫生，學會以思想自我療癒。如此，讀者得以明白，阿蘭的每個篇章都是關於如何思考的展演，而非必須被簡單遵照的童軍信條。如此，讀者得以理解，阿蘭論述之間的矛盾不是邏輯上的缺失、有欠周延，而是使思想總是能夠另起爐灶、重新啟動的思想運動。在這樣的考慮之下，阿蘭說：「同樣的想法不要重複兩次。」（第75篇）任何現成的、已經完成的想法都不會是永恆不變的解答，因為世界總是無時不刻地處於變動之中。套用已知的思想（答案）只是反射動作，其實是不思考，而非重新經歷思想運動的正在思考中。也正是因為如此，已經成形的想法才具備其重要性。它做為思想的起點，做為必要差異的在場，是為了促使新的思想運動展開與新的思想誕生。阿蘭強調不可能重複同樣的想法，因為每一次的思想都將重新啟動一個新的思想運動，這是思想活體的在場，而非被陳腔爛調奴役的不思考。

這種展現思想運動的思考，無疑地為阿蘭的讀者指出笛卡兒的思想如何通抵蘇格拉底哲學行動的實際道路。笛卡兒在其著作《方法論》（*Discours de la méthode*）的序言裡提到，「我所談的方法只對我自己有效，我的書寫也從來不是為了教給大眾一種方法，並且以為人人皆必須遵從這種方式才得以正確地運用自己的理性；而是要告訴大眾，我是如何運用我自己的理性。」論述如果具有揭示真理的能力，絕非因為論述的內容本身就是真理，論述的建構過程正在於創造一個能夠開啟、辯證真理的思想活動。在這個不斷思考、建構的過程中，才可能逐步使想法、觀點朝向真理。這是何以笛卡兒認為重點在於「如何運用理性」，他向大家展示的，其實是理性思考的行動如何實際發生，而不是某種特定的研究或思想方法。因為方法可能被推翻，可能隨著時代演進推陳出新，但只要擁有思考的能力，人便可以自己展開各種方法的串連，甚至更新思想方法。因此，書寫與閱讀各種思考方法的目的在於建構自身的一套想法，以返回蘇格拉底的思想做為一種行動的自我實踐。這便是二十世紀的阿蘭如何重返古典希臘的哲學教育路徑，也是閱讀阿蘭的不二法門：成為自己的思想者。

01

布賽法勒
Bucéphale

只要我們不知道激情的原因，
我們便無法管理激情。
請去找出讓孩子不舒服，
哭鬧不休的那根別針。

1922.12.8

當一個孩子哭鬧不休時，保母往往會對他的性格與好惡有諸多揣測；她甚至會溯及基因，從孩子身上認出父親的影子。而這些精神性的分析通常會持續到保母發現，導致這一切吵鬧的真正元凶不過是根別針惹的禍，事情才會告一段落。

當名馬布賽法勒被帶到年輕的亞歷山大（Alexandre）[1]面前時，還沒有任何一名馬術師能不從這匹暴烈的動物背上跌下來。一般人可能會因此認定「這就是匹劣馬」，亞歷山大卻是去找尋「別針」。而且，他很快地就發現了箇中原因，他注意到布賽法勒非常懼怕牠自己的影子。牠愈是害怕地驚跳，牠的影子就會跟著顛盪得愈厲害，這樣便導致沒完沒了的恐懼。亞歷山大於是讓布賽法勒面向太陽，讓牠維持在這個方位以逐步感覺冷靜與疲憊。由此可見，這位亞里斯多德（Aristote）的學生[2]已然明白，只要我們不知道激情的原因，我們便無法管理激情。

不少人曾以強而有力的論述駁斥過恐懼。然而，心懷恐懼的人聽不進道理，他只聽得見自己奔騰的心跳和洶湧的血潮。專家學者以恐懼論斷危險，情緒化的人以危險論斷恐懼。這兩方都在嘗試合理化，卻都搞錯了。只是學者錯的更多，他既無視於真正的原因，又對於別人的錯誤毫無所察。人只要一害怕，就會編造某種險境，以求能夠解釋這

1 亞歷山大大帝（Alexandre le Grand, 356 BC – 323 BC），馬其頓國王。

2 指亞歷山大。他曾是希臘哲學家亞里斯多德（Aristote）的學生。

個顯而易見又真實的恐懼。然而，就算是個毫無危險的、極微小的驚嚇也能造成恐懼，像是無預警的近處槍響，或只是個沒先招呼的現身。馬塞納（Masséna）[3]也曾在照明不良的梯間，被某個雕像嚇得拔腿就跑。

人的急躁與脾氣有時候只是因為他站得太久了，你無須跟他的脾氣講道理，只需要請他坐下來。塔列蘭（Talleyrand）[4]說過禮貌第一，而這句話的意涵遠超過他所指涉的意思。出於避免使人感到不適的考量，他總在找「別針」，也總會找著。現今外交官們的襯衣裡總有根放錯位置的別針，這導致歐洲局勢的混亂。因為大家都知道只要一個孩子開始啼哭，其他孩子也會跟著一起哭鬧，更糟的是，只可能愈發不可收拾。保母知道要讓孩子俯臥，這樣一個出於專業的舉動，便足以引發其他效應而使情勢改觀，這便是一個不唱高調的勸服藝術。就我看來，一四年的災難[5]肇因於大人物們各懷恐懼地被嚇跑了。人只要一害怕，火氣就跟著來了；一旦惱火，離激動也就不遠了。把一個人從他的休假或休閒中突然召回，就別指望他會有好心情；他往往會陰晴不定，而且是過了頭的陰晴不定。如同一個突然被驚醒的人，總是過頭清醒。但千萬別說他們不好，也千萬別說他們生性如此。請去找出「別針」。

3 安德烈・馬塞納（André Masséna, 1758–1817），法國元帥。

4 查理・莫里斯・德・塔列蘭－佩里戈爾（Charles Maurice de Talleyrand-Périgord, 1754–1838），通稱塔列蘭（Talleyrand），法國外交家。

5 指第一次世界大戰。

02

惱火

Irritation

別讓盛怒的舉動
阻礙了天生的本能，
而無論在哪種情況下，
恐懼都是百害無益的。

1912.12.5

人一旦嗆到，體內就跟著騷動，像大難臨頭似的；肌肉兀自糾結，心頭一派紊亂，如同痙攣發作。怎麼辦？我們能避開或避免承受這些反應嗎？哲學家會說，這是因為人缺乏經驗的緣故。不過，體能教練或劍道教練肯定會嗤之以鼻，倘若學生反應道：「我身不由己；我無法克制地全身僵硬、肌肉緊縮。」我認識一個嚴格的教練，在被授權的情況下，他會拿劍狠狠地鞭策你，以便讓你學會用智性支配身體。下述是明顯的事實。肌肉就像馴服的狗一般，會自然而然地順從思想的指揮；我想伸長手臂，我便能把它伸長。方才提到的痙攣或身體作亂的主因，都只是因著人的無所適從。而就嗆到的例子來說，真正該做的就是放鬆身體。尤其，與其過度吸氣而導致更多混亂，不如把那些許走岔了的液體呼出；換言之，無非是掃除恐懼。無論在哪種情況下，恐懼都是百害無益的。對付感冒所引發的咳嗽，其實也可以如法炮製，只是很少有人會這麼做。多數人咳嗽就像抓癢，過激的舉止往往導致自作自受。這就是他們嗓子發炎與疲憊不堪的原因。醫生施以藥片治療，對我來說，主要功能是為了讓我們做吞嚥的動作。吞嚥是一種有效的反制，它比咳嗽更難控制，難度遠勝過其他的行為。吞嚥的肌肉收縮，使得咳嗽所造成的痙攣不再可能發生。這道理就像讓嬰兒翻身一樣。不過假使人們在咳嗽的當下便阻止它發生，那麼也就無須藥片了。倘若人們一開始就收斂心神，保持身體靈活與沉著，初期的發炎也會很快地消褪。發炎一詞發人省思，它也可以指涉最暴烈的激情。而我看不出一個發怒的人與一個咳嗽不已的人之間會有多大區別。此外，恐懼是一種身體的焦慮，而人們卻不見得總是懂得透過體能鍛鍊去消除它。在上述的兩種情況中，任由激情控制思考，並帶著狂亂的激動處於恐懼或憤怒的狀態下都是錯誤的。總之，我們失控的激情會加重病情，這就是沒學會真正體能鍛鍊的下場。而所謂真正的體能鍛鍊，正如希臘人所認為的，是透過正確的智性來掌控身體運動。當然這並非對所有運動一概而論，而是特指不要讓盛怒的舉動阻礙了天生的本能。對我來說，永遠在孩子們面前展現出人所應真正追求的、做為典範的卓越楷模，這便是該教給他們的事。

03

憂傷的瑪麗

Marie triste

人們為了快樂所付出的努力
永遠不會白費，
而憂愁只是單純累了或病了，
把它趕回體內吧。

1913.8.18

探討雙向情感障礙並非毫無益處，尤其是對一名在診間裡幸運尋獲「憂傷瑪麗和快樂瑪麗」這個案例的心理學教授來說。這個不復記憶的故事很值得珍藏。這個女孩總是一週開心、一週憂傷，像座鐘般規律。當她開心時，一切都美好；她熱愛下雨如同晴日，些微的示好便足以讓她欣喜若狂；每當她想起過往的一段愛情，她便讚嘆：「我多麼幸運啊！」她從不感到無聊，每個微小念頭都帶著令人歡暢的色彩，像是最美麗與健壯的花朵，無處不討人歡喜。朋友們，願你們有和她一樣的好心情。古諺云，就像每個灑水壺都有兩邊把手一樣，每件事都有兩個面向，有令人沮喪的一面，以及讓人振奮與寬慰的一面，全憑人心所願；而人們為了快樂所付出的努力永遠不會白費。

然而一週過後，世界完全變調。她陷入絕望的悒鬱裡，對什麼都提不起興趣，目光所及之處盡皆灰暗。她不再相信幸福，不再相信溫情。她覺得自己沒人愛，這是理所當然的事，因為她既蒙昧又無聊，她愈是鑽牛角尖，情況就愈糟；而她心裡也明白，她正用最可怕的方式逐步逼死自己。她說：「你想要我相信你關心我；只是我並非你鬧劇裡的傻子。」恭維被她視作取笑，善意則是對她的羞辱，祕密都是對她的算計。想像的病無藥可醫，就像再美好的事物也無法打動不幸的人。而幸福所需的意志，遠超過人們所想。

不過，心理學教授得出一個更殘酷的領悟，那對所有熱血魂來說，都會是最可怕的試煉。透過對這些人性短週期的大量觀察與測量，包括計算每立方釐米血液中的血球數量，從中凸顯出一條守則：接近歡愉週期的末端，血球數逐步減少；接近憂傷期的尾端，血球數再度增加。血量的多寡成為所有幻象之因。因此，對於瑪麗的那些過度激烈的言辭，醫生如是回應：「放心吧，妳明天就會開心了。」她卻從來不信。

一個自認生性憂愁的朋友對我說：「還有什麼能比這件事更明白的？我們拿激情無可奈何。我的反省無法增加我的血球數量，因此任何哲學都是白費功夫。這個偉大的世界依循其規律為我們帶來歡喜或憂傷，如同它帶來冬天和夏天一般，如同它帶來雨天或晴空一般。我想要開心就像我想要散步一樣毫無意義，如同我無法使雨落在山谷裡，我也無法控制我的陰鬱。我承受它，而且我很清楚我在承受它，這真值得安慰！」

事情沒那麼簡單。確實，當人一再耽溺於那些嚴厲的批評、悲觀與暗黑的回憶時，他表現出他個人的憂愁，也可以說，他在品嘗著他的憂愁。然而，倘若我知道這一切不過是血球在作祟，我那諸多理由就變得可笑。我會把憂愁當作單純累了或病了，把它趕回體內。比起背叛，胃痛容易承受得多。缺血難道不是比缺朋友更容易說出口？情緒化的人既拒絕理性也拒絕溴化物（bromure）[6]。而我提供的這個方法，豈不快速有效地讓兩方皆大歡喜？

6 常見的神經鎮定劑。

04

精神耗弱
Neurasthénie

人無法不受激情干擾。
然而，在智者的靈魂深處，
令人快活的思慮綿延甚廣，
相形之下，他的激情也就微小得不足一哂。
至少我們能以智者為榜樣，
製造大量的自願幸福。

1908.2.22

拜連日的雷陣雨所賜，男男女女的情緒皆如這天候，說變就變。昨日，一位理性十足的知識分子朋友這樣對我說：「我不滿意我自己。只要無事可忙或不玩橋牌時，我便滿腦子想著那成千上萬件雞毛蒜皮的小事，搞得自己忽而歡喜忽而憂傷，情緒起伏的速度快過於鴿子胸前的毛色變化。這些小事諸如有信待寫、沒趕上輕軌，甚或一件過重的大衣都變得像是會招來不幸的不得了大事。無論我怎麼說服自己，證明那不過是無足輕重的小事，我的理由彷若那打不響的濕鼓，對我毫不起作用。總歸一句，我感到自己有些精神耗弱。」

我對他說，別咬文嚼字了，去嘗試理解到底這是怎麼一回事吧。你的處境就跟所有人一樣，只是你不幸生得聰明，又把自己分析得太過，還想搞清楚自己為何忽而歡喜忽而憂愁。而你還生自己的氣，只因為你理解的理由不足以解釋你的情緒。

事實上，人們用來解釋快活或不幸的理由，根本無關緊要。一切都和我們的身體及其功能有關。而即便是身體再強健的人，每天也會因為吃飯、走路、注意力的耗費、讀書和天氣等各種層面的事，經受無數次的情緒起伏，從亢奮到消沉，再從消沉一路爬升回亢奮的種種過程。你的情緒就如同波濤上的小船會起伏不定，這些起落變化不總是那麼明顯，僅只是為了能維持正常的生活。當忙於工作時，便無暇理會；可是，一旦有時間去注意自己的情緒，費勁地去想它，就會想出無窮多個細枝末節的理由。你以為這些是癥結，其實它們都是結果。如果一個聰明人是憂愁的，他總會找到足夠的理由去憂愁；若他是開心的，他也會找到足夠的理由去開心。同一種理由經常可以是雙向的。染病的帕斯卡（Pascal）[7]對滿天星斗懷有恐懼，他瞻望星空時所感受到的那神聖顫慄，當然也可能是他靠在窗邊、不知不覺中受寒的緣故。換作一名身強體壯的詩人，他對著星星就會像是對著情人般訴衷情。關於星空，這兩方都有很美的說辭，然美則美矣，卻不著正題。

斯賓諾沙（Spinoza）[8]說，人無法不受激情干擾。然而，在智者的靈魂深處，令人快活的思慮綿延甚廣，相形之下，他的激情也就微小得不足一哂。即便不跟隨這樣艱辛的思維，我們至少能以智者為榜樣，製造大量的自願幸福，像是音樂、繪畫、聊天，和這些相比，我們的悒鬱便顯得不足掛齒了。社交家為了他的那些小計較都會疏於照護自己的肝臟；而我們所做的事，遠比那些社交活動還來得正經、有用，而且我們還有書跟朋友。倘若這些都仍不若社交家的活動來得有效，我們還真該為此感到臉紅。然而，不把專注於有用的事當作一種生活守則，或許會是一個導致嚴重後果、卻經常被犯下的錯誤。有用的事對我們來說很重要。而想要堅持自己的欲望，有時候是門偉大的藝術。

7 布萊茲．帕斯卡（Blaise Pascal, 1623-1662），法國哲學家。

8 巴魯赫．斯賓諾沙（Baruch de Spinoza, 1632-1677），荷蘭哲學家。

05

憂鬱 Mélancolie

不幸的想法其實會嚇壞我們，
而不是讓我們覺得痛苦，
人們其實可以擺脱這種近乎發狂的胡鬧，
只消把憂愁當作疾病，
並待之如同疾病即可。

1911.2.6

前些日子，我碰見一個患有腎結石的朋友，他的心情相當低落。大家都知道這種病會讓人感到憂愁；當我這麼跟他說的時候，他也表示同意。我順勢下了個結論：「正因為你知道這種病會使人憂愁，你才無須對你的憂愁感到意外，也不必因此壞了自己的情緒。」這番精采的道理讓他開懷大笑，功勞可不小。雖然這多少有點荒謬，但我確實點出了一個身處於不幸中的人很少考慮的重點。

體弱多病往往會引發深沉的憂愁。此種尚未構成疾病本身的憂愁，還往往為我們留下比想像中還多的安寧時光。當疲勞或隱藏在某處的結石不至於讓我們往壞處想時，不幸的想法其實會嚇壞我們，而不是讓我們覺得痛苦。絕大部分的人會否認這一點，並認為是不幸的想法使他們陷入不幸之中。而我得承認，處於不幸中的人很難不認為某些形象就像長了爪子與利刺般在折磨著我們。

不過，只要細想一下那些所謂的憂鬱症者，就會發現他們能從各種念頭裡找到憂愁的理由。任何話語都能傷害他們。倘若予以同情，他們便覺得受到羞辱，更不幸得無以復加；若是不予同情，他們便認定自己沒朋友，孤身在世。而這些念頭轉來轉去，就為了使注意力回到疾病帶來的不愉快狀態上。當他們給自己找碴，並被自以為憂愁的理由給壓垮時，他們是以品味饕餮的方式反芻悲傷。不過，憂鬱症者在我們面前展示了苦惱者的巨大形象，他們的憂鬱成疾，同樣可能發生在所有人身上。痛苦的加劇無疑肇因於我們試圖為它找到道理，某種程度而言，我們的道理遂成了痛處。

人們可以擺脫這種近乎發狂的胡鬧，只消把憂愁當作疾病，並待之如同疾病即可，別再尋求道理或講理由。這麼一來，便沒了成篇的抱怨。人們拿憂愁當鬧肚子疼，如同啞了的憂鬱，一種無意識的麻木狀。誰也不埋怨，只是承受著，只不過這休兵是為了有效地對抗憂愁。這與禱告的目的相同，並不困難領略。面對萬事萬物，面對這個無所不知也無所不察的智慧、無可深究的威嚴、無可測度的正義，虔誠者棄絕形構思想。沒有任何誠心的祈禱能不立即奏效；澆熄怒火，這已是了不得了。而如果我們夠機伶，就會給自己服上這帖想像的鴉片，免得又回頭去細數自己的諸多不幸。

06

激情[9]

Des passions

即便激情霸佔著我們的思想，狀似無所不能，
但它其實受制於我們身體的運動。
倘若能明白這個道理，便無須理會那些
可能是由夢境或激情所引發的想法。
所謂激情，也不過是較有條理的夢境而已。

1911.5.9

相較於激情，人們較擅於承受疾病。這無疑是我們以為激情全然取決於自己的個性和觀念，但它同時又有一種無法掌控的必然的癥兆。當身上有傷的時候，我們可從表皮上所留下的傷痕，來認識受傷這件事；除了傷口疼痛之外，我們什麼事也沒有。當某種物體透過其形式、聲音或氣味讓我們感到恐懼或渴望時，我們還可以藉由指責與逃離來平復心情，然而面對激情，我們無計可施。因為無論是喜歡或討厭，我所針對的對象都不見得是明擺在眼前、可見的；我想像它，甚至改變它，透過一種像作詩般的內心活動。這些活動把我置於我的激情之中；我的一番道理全是詭辯，卻深合我意；這些活動也經常能一棒敲醒我智性的清明。一時激動所招致的折磨或許都沒它來得那麼多；就像在巨大的驚嚇中，你光顧著逃命而無暇兼顧激情。然而，倘若他人藉機取笑你，這種因為膽怯而衍生的羞恥感將會轉化為憤怒或強辯。尤其是夜闌人靜的就寢時刻，你必須獨自一人面對那浮上眼簾的羞恥，這就叫人難以忍受。因為，不妨這麼說，現在你得慢條斯理地細細享用這一切，誰也救不了你；由你射出的每一支譏諷的箭，都會刺回到你自己身上；你的敵人就是你自己。當一個情緒化的人確定自己健康得很，也沒什麼妨礙著他的大好生活時，他偏會這樣想：「我的激情就是我自己，而且我拿它沒辦法。」

9「Passion」在此處指一種彰顯於外在，較激動、強烈的情緒表達。因此權譯為「激情」來表達作者所指的較為激烈的情緒。

在激情裡總不乏悔恨和焦慮，我認為這是出於理性的作用。因為人們心想：「我的自制力怎麼這麼差？我怎麼老是糾結著同樣的幾件事？」遂衍生出一種屈辱感。焦慮也是如此。人們心想：「一定是我的思想被下了毒；我自己想出來的道理都在反對我；究竟是何種魔力在控制我的想法？」魔力一詞用在這裡，相當貼切。我認為是激情的威力和內在的奴性，將人導向神祕力量的思考，並且以為一個字或一個眼神便會招致厄運。情緒化的人不願承認自己有病，而認為是遭到詛咒，並從這個念頭裡冒出無限多的想法來整治自己。誰會懂這種無形無影的活受罪？而眼看著痛苦不僅沒完沒了，甚至與日俱增，受苦者遂以死亡做為解脫。

不少人在這上頭做文章，一如斯多噶學派[10]留下許多好道理讓人對抗恐懼和憤怒。不過，笛卡兒（Descartes）[11]是第一個在他的著作《激情論》（*Traité des Passions*）[12]中直指問題核心的人，而他本人也對此引以自豪。他讓我們注意到，即便激情霸佔著我們的思想，狀似無所不能，但它其實受制於我們身體的運動；在夜闌人靜的夜裡，那些老是縈繞腦際的強烈念頭，是因為血液的運輸和某種不明液體往來於大腦和神經之間的緣故。這種生理上的作亂平常難以察覺，我們只看見它所引發的效果，或甚至我們以為它也是由激情所引發的。然而，正好相反，其實是身體運作引起激情的。倘若能明白這個道理，便無須理會那些可能是由夢境或激情所引發的想法。所謂激情，也不過是較有條理的夢境而已，與其怪罪或咒罵自己，不如認清這就是人皆如此的外在必然性。人們或該這麼想：「我很憂愁，看什麼都覺得礙眼。然而，這與發生什麼事無關，與我的諸般道理無關。這是我的身體想要思考，而我的胃正在配合它的大放厥詞。」

10 斯多噶學派（Stoïciens）為古希臘哲學家芝諾（Zénon）所創立，它是以倫理學為核心的一元論。

11 勒內・笛卡兒（René Descartes, 1596–1650），法國哲學家。

12 作者指的是笛卡兒在生前出版的最後一本著作《靈魂的激情論》（*Traité des Passions de l'âme*），又名《靈魂的激情》（*Les Passions de l'âme*）或《激情論》（*Traité des Passions*）。

07

恐懼即病

Crainte est maladie

恐懼所引起的騷動必然會加重不適。
害怕失眠的人往往會睡不著，
擔心胃痛的人往往會消化不良。
所以，與其模仿病痛，不如模仿健康。

1922.3.5

我認識一名會看手相的砲兵手。他原先是個樵夫，山林生活教會他從自然現象中直接判讀意義。我猜想，他也從某個巫師那裡學會看手相；他從手紋裡讀出他人的想法，如同我們從人臉上的皺紋和神情所能讀到的一樣。在白橡樹林裡，在燭光朦朧間，他復興其神殿與莊嚴，他不僅能對在場者的性格列舉出那些往往恰如其分、也總是拿捏得當的見解，還能宣告每個人近期和遠程的未來，說出那些叫人無法一笑置之的事情。我後來有機會見證到他其中的一個預言成真；所謂成真，這無疑跟我對回憶的額外加工有關，因為我也滿心盼望著預言的實現。這個想像的小把戲再次點醒我，並且讓我再次確認，我素來保持謹慎是有道理的，因為我從未在這名砲兵手或其他人面前攤露過我的掌紋。懷疑精神[13]的全部威力都來自於人對神諭的一無所求，只要人們在神諭上尋求指引，便是或多或少信賴此道。以基督教革命做為標誌的神諭的末日，難道不正是一個小小的見證。

泰利斯（Thalès）、畢阿斯（Bias）、德謨克利特（Démocrite）[14]和其他古代著名的耆老，他們沒留意在他們髮禿的同時，血壓也開始偏高；對此不知情反倒是件不小的好事。忒拜伊德（Thébaïde）[15]的隱士則顯得更占優勢，他們置生死於度外，結果反而長壽。如果

13 阿蘭是笛卡兒主義者，強調懷疑精神。

14 這三位皆為古希臘哲學家。泰利斯與畢阿斯並列於希臘七賢之中，德謨克利特是「原子論」的創始者。

人們從生理學上去鑽研焦慮和恐懼的心理，會發現這兩種心理狀態也是疾病之一，它們摻攪進別種疾病裡，從而使得病情加劇；就像一個人知道自己病了，但經醫生宣告病情的人則是雙倍的生病。我很清楚恐懼的心理能促使我們以控制飲食和服藥的方式來治療疾病，然而，什麼樣的飲食控制和藥方能讓我們克服恐懼呢？

登高所引起的暈眩是一種貨真價實的疾病，它肇因於我們模擬從高處摔落的絕望掙扎。而這純粹是想像所造成的。應試生也是基於同樣的道理而感到腹痛；答錯的恐懼和蓖麻油[16]一樣對人體起很大的作用。透過這個例子，你可以想見持續的恐懼會造成什麼樣的影響。不過，為求謹慎起見，應該這麼想：恐懼所引起的騷動必然會加重不適。害怕失眠的人往往會睡不著，擔心胃痛的人往往會消化不良。所以，與其模仿病痛，不如模仿健康。像這樣的鍛鍊，雖然從細節上來看還不夠明朗，然而健康的癥兆必然符合健康的運動。從這個定理來看，禮貌與善意的舉止肯定與健康有必然關係。壞醫生使人相信自己有病，並由此博得人們的愛戴；相反地，好醫生照樣問你：「身體如何？」卻從不聽憑回答。

15 古埃及南邊的區域名。早期基督徒為了躲避迫害而在此隱居。

16 蓖麻油是一種複合三酸甘油酯，醫療上用作瀉劑。

08

關於想像

De l'imagination

我們從來沒有足夠的力量去承受他人的病痛，
雖然針並不是戳在旁觀者的皮膚上；
然而，這樣的道理卻對掃除旁觀者的恐懼
一點幫助都沒有，
蘭姆酒反而更加有效。

1923.2.20

當你因為一場小車禍，而需要醫生在臉上縫幾針時，治療用具中通常會包括一杯蘭姆酒，它的作用是要給害怕手術的你壯膽的。不過，喝掉那杯酒的通常不是病人，而是旁觀的陪同友人，這個陪伴者在毫無預警的情況下，臉色一陣青一陣白，跟著不省人事。這件事證明了一個相反於道德家的論述，那就是我們從來沒有足夠的力量去承受他人的病痛。[17]

這個例子很值得好好斟酌，它凸顯了一種與個人意見無關的同情。正眼盯著流血和被針勾撐開的皮膚，會使人萌發難以名狀的恐怖感，讓人血液僵固、繃緊皮膚。這種想像作用在思想中不著痕跡，因為它的發生不受思想控制。其箇中道理淺顯易懂：針並不是戳在旁觀者的皮膚上。然而，卻對掃除旁觀者的恐懼一點幫助都沒有，蘭姆酒反而有效多了。

由此我明白到，同類對我們有極大的影響力，這些影響力來自於他們純粹的在場，以及他們顯露在外的感受與激情的各種層面。同情、恐懼、憤怒、眼淚早在我想清楚它們的意涵之前，便已經直接對我造成影響。旁觀者看見一個糟糕的傷口會臉色大變，而此種驚駭的神色也會被他的旁觀者所接收，即便後者根本不知道對方究竟看到了什麼。

17 法國箴言作家弗朗索瓦・德・拉羅什富科（François VI, duc de La Rochefoucauld, 1613–1680）曾說過，「我們總有足夠的勇氣去承受他人的痛苦」（參見本書第59篇）。

所以，最出色的描述也不及一張激動的臉更能動搖心志。外在的表情是直接且立即的。因此，設身處地替別人著想，這樣的話語無法確切地說明何謂同情。像這樣的反省往往出現在同情過後；透過對同類的模仿，人們會立即身陷於痛苦之中，而導致一種最原初的、無以名狀的惶惶不安。面對此種如發病般的心理活動，人只能訴諸於己。

人們大可如此解釋暈眩。當人面對懸崖時，他感覺自己會摔下去；不過，若是握著欄杆，他反倒認為自己不會摔下去，即使這種想法不會因此減緩他從腳到頭的暈眩感。想像的最初作用總是發生在身體上。我聽過下述的一段夢。某人夢見自己身處即將執行死刑的場景，然而他不知道受刑者究竟是他本人，還是另有其人，也無法解釋究竟發生了什麼事，只是感覺到顱頸間一陣痛苦。這些便是純粹的想像。在我看來，那個對立於身體的，總被視作寬容、善感的靈魂，也許正好相反地只知道關心其自身，而有血有肉的身體其實是更加動人的，它既被念頭所左右，又以行動自我療癒。過程或許不盡平順；不過，比起解決邏輯難題，真正的思想還有更重要的任務，而待決的紛擾才足以彰顯思想的彌足珍貴。這便是人體激烈運動的隱喻。

09

思想的病

Maux d'esprit

想像比中國的劊子手還壞，它為恐懼加料，
讓我們像美食家般品味著恐懼。
然而，唯有活人才懼怕死亡，
唯有快樂的人才掂得出厄運的重量。

1910.12.12

想像比中國的劊子手還壞，它為恐懼加料，讓我們像美食家般品味著恐懼。現實的災難不會重演，受害者在出事的同時便已死去，而在禍事發生的前一刻，他就跟我們這些從來沒想過災難的人無異。一個散步者被汽車撞上，甩到二十公尺之外，當場死亡。悲劇就此結束。它既無開始，也無延續；而使延續誕生的，是反省。

同樣地，只要我想著這件事故，就無法對它做出準確的判斷。我是做為一個總是可能被壓死，卻從未真正遇上的人來判斷這場車禍。我想像著這輛汽車迎面駛來，如果真的遇上這種事，我一定會拔腿就跑；可是我沒有，因為我設身處地把自己擺在那個被壓死的人的位置上。我就像一個電影鏡頭般，慢速播放著自己被壓住的場景，還不時定格這些畫面，加上無數次的重播；我安然無恙，卻死過上千回。帕斯卡說過，正因為健康的人很健康，他才難以忍受病痛。當我們病得很重的時候，除了忍受疾病的發作之外，其實無暇顧及其他。一件事實的好處在於，即便再怎麼糟，它也已經終結了各種可能性的惴惴難安，不再是個未定數，並為我們指向一個新色彩的嶄新未來。一個重病者會把他先前的那種不甚好的、過去可能視為遭遇詛咒的身體狀況，當作無上的幸福。我們遠比自己所以為的更加務實。

現實的疾病來得很快，就像法國的劊子手一樣俐落——割斷犯人的頭髮、拉鬆他的襯衫、綁住他的胳膊，推他就刑。我覺得這個過程很漫長，因為我翻來覆去地想著這件事，因為我試圖聽見那剪刀的撕裂聲，試圖感覺劊子手的助手們按住我的臂膀。而事實是，感受一波波地襲來，犯人真實的想法一定就像被切成好幾段的蚯蚓般抖個不停；我們覺得蚯蚓因為被肢解成數段而痛苦著。不過，究竟是哪一段使蚯蚓痛苦呢？

面對一個陷入痴呆的老人或腦子變鈍的酗酒者，會讓人萌生「憑弔友人」的痛楚。他們會感到難過，是因為希望朋友仍是現在的自己，也是過去的自己。然天地因循其法，幸虧它步步皆不可逆，每個新的事態才會使下一個事態成為可能。你把他們所有的不幸濃縮在同一點上，不過，那些不幸其實稀釋在時間的長途裡，這一刻的不幸會使得下一刻能夠繼之而來。老人並非受衰老所苦的年輕人；逝者並非活著的死人。

因此，唯有活人才懼怕死亡，唯有快樂的人才掂得出厄運的重量；或者乾脆這麼說，比起自身的疾病，人們對別人的疾病更加敏感，半點不假。如果人們不對此稍加注意，便會對人生做出錯誤的判斷，視之為畏途。與其上演悲劇，不如運用正確的知識，傾全力地去想清楚眼前的現實。

10

阿爾岡 Argan

18

我們覺得微笑毫不足道，
對情緒也沒什麼影響，所以不會試著去笑。
不過，偶爾出於禮貌，
我們會擠出笑容並作勢致意，
跟著我們的情緒也整個改變了。

1923.9.11

出於一些非常瑣碎的理由，例如鞋子太緊，便可能導致整天都覺得不對勁。不僅看什麼都不順眼，就連判斷力也跟著降低。改善的藥方其實很簡單，像是脫掉衣服一般褪去所有不快即可。我們其實再明白不過，即使仍處在不愉快之中，只要了解原因為何，這些痛苦也會跟著減輕。被別針戳了的嬰兒之所以哭得像身染重命的模樣，那是因為他既不明白原因，也無解決之道，偶爾甚至是在過分哭喊導致不舒服時，也只會哭得更用力。這被稱作是一種想像的病。想像的病痛和其他病痛同樣真實，只是這些想像是因為內心的運作才患上的，但我們卻問罪於外在的事。因為哭鬧而惱羞成怒，這絕非嬰兒的專利。

人們常說壞脾氣是一種無藥可醫的病。這也是為什麼我先用這些例子來說明，一個極簡單的動作就能立即消除痛苦和煩躁。小腿抽筋能使最堅強的人痛叫出聲；然而，只要把腳板盡量壓平地貼在地面上，便能瞬間復原。當有個小飛蟲或碳屑跑到眼睛裡時，如果去揉它，則要痛上兩三個小時；不過，要是能管住雙手，不輕舉妄動，雙眼逕自盯著鼻頭上的一點，不出一時半刻，眼淚就能幫你把異物沖走。而自從我學會這種簡單的招數，已經靈驗過不下二十次之多。這件事證明了，最聰明的做法，也許並非劈頭就去

18 莫里哀（Molière, 1622–1673）的喜劇《無病呻吟》（*Le malade imaginaire*）中的主人翁。

責問我們周遭的人或事，而是首先要對自己多留點心。有時候，人們覺得從別人身上看到一種對自怨自艾的偏好，這表現在某類瘋子身上尤其顯著，便使其染上了一種神祕色彩，甚至是魔鬼作祟之感。其實是被想像所蒙蔽。一個人在抓癢，其中並沒有什麼太深的道理，也與渴望受苦無關，他只是不明就裡、一個勁兒地躁動和惱火而已。因為害怕從馬背上摔下來，我們左支右絀地動來動去，並且深信這才是駕馭之道，殊不知正是這些動作把馬給嚇壞了。由此，我可以像個斯基泰人（Scythe）[19]一樣斷定，當人學會爬上馬背，他便擁有全部或近乎全部的智慧了。摔也可以是門藝術，它在醉鬼身上效果驚人，因為他壓根沒想到要怎麼平安地摔下來；在消防員身上也令人激賞，因為他訓練有素，懂得如何無畏懼地往下摔。

我們覺得微笑毫不足道，對情緒也沒什麼影響，所以不會試著去笑。不過，偶爾出於禮貌，我們會擠出笑容並作勢致意，跟著我們的情緒也整個改變了。生理學家很清楚箇中道理。微笑就跟打呵欠一樣，這些動作深入體內，逐步地放鬆我們的喉嚨、肺，直至心臟。在醫生的藥箱裡找不到比微笑更迅速、更溫和的藥品了。此時，想像透過一種和它的病同等真實的慰藉，把我們拉離痛苦。此外，想表現無所謂的人會聳肩，而仔細一想，這個動作給肺通了氣，也從各種意義層面上，讓心能安定下來。因為心的安定可以有很多種說法，但無非就是要安心而已。

19 斯基泰人（Scythe），希臘古典時代在歐洲東北部、東歐大草原至中亞一帶（今俄羅斯南邊）活動的民族。他們善於養馬，是史載上發明騎術最早的遊牧民族。

11

醫學 Médecine

最有效的自我安慰，
就是明白我的關心和憂心
也會造成身體近乎同等程度的混亂。
所以當務之急，是盡可能地保持心情愉快，
接著掃除對身體狀況的憂慮，
那種只會導致人體自然運作紊亂的憂慮。

1922.3.23

學者說：「我懂得很多真理，而對於我所不知道的事，也有足夠的認識。我明白一部機器是怎麼運作的，並且很清楚只要一個螺絲釘的鬆動，一點點的疏忽、幾分鐘的大意，便足以摧毀一切，而會出錯總是未及時向職人請益之故。因此，我為自己保留了一點時間，用來關心這個我稱之為身體的複合機器。並且，只要這機器出現一點摩擦或運轉不順暢的嘎滋作響，我便會請教專業，讓他檢查患病或假設出了毛病的部分。因為謹遵大名鼎鼎的笛卡兒的勸告，若撇開命中注定的意外不算，我肯定自己能延續我從父母那裡得到的生命，直至身體這個機械的使用年限為止。這就是我的智慧。」學者侃侃而談，生活卻過得慘澹。

讀書人說：「我懂得很多因為盲從而複雜化人生的謬論。這些錯誤教會我一些重要卻為博學者所忽略的真理。書上說，想像是人類世界的王后[20]，偉大的笛卡兒在他的《激情論》中向我解釋了原由。即使我能克服不安，卻仍免不了它對我的五臟六腑所造成的騷亂；它做為一個驚嚇，不可能不使我心慌。而光是想到生菜裡有條蚯蚓，便足以讓我感到噁心。所有這些瘋狂的念頭，就算我半點不相信，也會引爆我內心深處的天人交戰，叫我無法控制地霎時血液逆流、情緒驟變。而且老實說，即使我吃下的每一口都伴

20 此指「主宰」的意思。法文的「想像」（imagination）是陰性名詞，所以，採用對等的陰性名詞「王后」（reine）來譬喻「想像」的地位。

隨著看不見的敵人，它們對我的心臟和胃功能的影響，也不會大過於我的情緒變化，以及想像的幻影對我所造成的影響。所以當務之急，是我得盡可能地保持心情愉快，接著掃除對身體狀況的憂慮，那種只會導致人體自然運作紊亂的憂慮。誰不知道在各個民族史上，總有些人死於深信自己遭到詛咒？誰不知道幻術之所以能成，就是當事人想要它靈驗？而除了讓我聽話以外，良醫還能有別招嗎？當他的一句話就能改變我的心跳時，我還需要他開的藥丸嗎？我不太清楚對醫學能有什麼樣的期待，但我很清楚畏懼它的後果。而我相信，一旦這個我稱之為我的機器出了什麼亂子，最有效的自我安慰，就是明白我的關心和憂心也會造成身體近乎同等程度的混亂的道理。因此，首要、也是最妥當的方法，就是別再擔心是胃或腎，甚至是雞眼的毛病。一小塊硬皮竟能造成如此巨大的痛苦，難道不是關於要沉著的一個好教訓嗎？」

12

微笑

Le sourire

如果我們不夠聰明，
那就去求助於禮貌；
去尋找必須露出微笑的場所。

1923.4.20

我得承認，壞脾氣多半是結果，而非原因。我甚至傾向相信，我們大部分的疾病來自於對禮貌的遺忘，我所謂的禮貌指的是人體對自己的一種強迫。我父親[21]因為工作所需會去觀察動物，他說在相同條件的限制、同等體能消耗的情況下，他很驚訝地發現到動物較少生病。這是因為動物沒有脾氣。所謂脾氣，指的是人透過思想所保持的一種惱火、疲憊或者煩躁的情緒。舉例來說，任何人都會同意，想睡卻睡不著的時候會讓人抓狂，而導致失眠的理由，其實就是對睡不著的憂慮。又譬如說，病人老是害怕病情加重，這些噩夢造成了他的焦慮，也使他遠離了康復。常言說得好，要不揪心，就別望著樓梯爬，因為正當我們需要一鼓作氣往上爬時，想像的影響會讓我們洩了氣。更確切地來說，憤怒和咳嗽都是一種病，甚至可以把咳嗽看作是惱火的一種類型。即便咳嗽的原因在身體內部，可是人的想像就等著咳嗽，甚至可說是找咳嗽的機會，只因為他認為可以透過劇烈的咳嗽來擺脫病痛，就像抓癢的人一樣。動物也會抓癢，甚至到抓傷牠們自己的地步；然而人有一種危險的特殊能力，請容我大膽地說，那就是光用想的就會抓起癢來，透過激情便能直接刺激心跳，讓血流加速。

關於激情，並不是只要用想的就擺脫得掉，而是得讓腦袋轉個彎，就像有些聰明人

21 阿蘭的父親是一名獸醫。

放棄沽名釣譽，以免被欲望牽著鼻子走一樣。然而，壞脾氣對我們如影隨形，它讓我們氣悶、喘不過氣來，結果就會讓我們身陷憂愁且持續在這種狀態之中。鬱悶的人無論是坐著、站著或說話，都在維持著一種鬱悶的狀態。惱火的人則用另一種方式捆住自己；而頹喪的人在最需要力量來支撐自己的時候，卻偏偏任由肌肉鬆垂的沒半點力氣。

克制脾氣，這並非判斷的工作。判斷無助於改善，這件事得仰賴改變態度和合宜的舉止，因為我們唯一可以自己決定的事，就是讓肌肉運動。微笑、聳肩都是能抵禦煩惱的常識，而且你還會發現，這些運動是多麼輕易地能立即改變人體內的循環。刻意伸懶腰和打呵欠，都是對抗焦慮和浮躁的好體操。可是，浮躁的人不會想到要擺出無所謂的樣子；同樣地，失眠者也不會覺得要模仿睡覺的姿勢。反之，犯脾氣的人沉浸在自己的脾氣裡，以至於他怎麼也好不了。如果我們不夠聰明，那就去求助於禮貌；去尋找必須露出微笑的場所。這也是為什麼社交場合上的生面孔往往最受歡迎的緣故。

13

意外
Accident

最大的痛苦來自於不正確的思考，
光是明白想像的痛苦
不等於實際上的痛苦，
這已經使我獲益良多了。

1923.8.22

每個人都曾冥想過從高處墜落的恐怖。一輛大客車已有一個輪子懸空，車身正開始緩緩地向外傾斜，這些倒楣的乘客懸空在萬丈深淵上，發出慘絕人寰的尖叫聲。這樣的畫面很容易去想像，有些人會在夢中產生開始往下墜和快要撞上什麼的感覺。然而，這是因為他們有時間去想、去模擬這件事；他們品味著恐懼，為了想清楚墜落，他們停住墜落。有個女人某日跟我說：「我什麼都怕，總有一天，我會被嚇死的。」幸好，一旦真有事情落在我們頭上時，誰都沒空去管那麼多；時間的鎖鏈彷彿被切斷，這才使得偌大的痛苦都變得只有毫末的大小，難以察覺。恐怖具有麻醉的作用。具有類似效果的哥羅芳（chloroforme）[22]最多只能麻醉大腦，其餘的器官都仍在躁動著、受苦著，它們只是因為少了大腦的組織而無法綜合出一個具體的感受。只有全神貫注時才能感受得到折磨，否則它往往無法被察覺到。只發生在千分之一秒中，又立刻會被遺忘的痛苦能算得了什麼？像牙疼一樣，折磨假設了一種即將發生的痛苦讓人等著，讓人在它正式發生的前後，多預留了一段時間；然而，它轉瞬間就結束了。我們的恐懼往往多過於實際上所遭受的痛苦。

這些描述是對意識自身的如實分析而得來的，它們是貨真價實的安撫方式。可是，

22 三氯甲烷，又名氯仿，可做為麻醉劑或鎮定劑。

想像繪聲繪影，製造恐怖是它的拿手絕活，只有經驗過的人才會明白。而這種經驗也沒少過。我自己就曾經有次在劇院裡，被一陣突兀的驚惶失措給推擠到離我座位十公尺之外的地方；其實不過是冒出點焦味，大家便群起效之紛紛逃竄。而不明就裡地被人潮推擠著走，還有什麼比這更嚇人的嗎？不過，無論是在當時或者事後回想起來，我都沒感覺到恐懼。我那時純粹只是被移動了位置，而正因為當時的情況不容許我思考，我的腦中其實是一片空白。什麼預感或回憶都沒有，沒知沒覺的，比較像是突然睡著了幾秒鐘。我出發上前線[23]的那個晚上，陰暗的車廂裡一片鬧烘烘的，大家比手畫腳地描繪戰場上駭人聽聞的各種景象，這些不甚愉快的念頭在我腦袋裡揮之不去。在場有些從沙勒羅瓦（Charleroi）[24]撤守下來的士兵，這讓他們有空閒的時間去體會恐懼。甚至，角落裡還有一個頭部纏著繃帶、面目死僵的人，他的這副模樣為戰爭的駭人畫面多增添了幾分真實性。描述者說：「他們像螞蟻般蜂擁而至，我們的砲火完全抵擋不住。」被挑起的想像遂一發不可收拾。幸虧，那個半死不活的人開口說話了，他向我們講述他在亞爾薩斯（Alsace）是如何被一塊炸彈碎片擊中後腦，差點死掉的經驗；這個痛苦不再是想像出來的，而是貨真價實的。他說，「我們當時在叢林的掩護下逃竄。我跑出森林外，而從那一瞬間起，我就完全不清楚發生了什麼事；就好像一陣颶風突然把我打倒，等我醒來時，已經躺在醫院的床上了。據說他們從我的頭部裡取出一塊拇指大小的炸彈碎片。」

這個從鬼門關裡逃回來的退役軍人，就這麼把我從想像的痛苦帶回到真實的痛苦上。這件事使我理解到，最大的痛苦來自於不正確的思考。然而，即使懂得這個道理，卻無法阻止我不去想像這種突如其來的驚嚇、碎片擊破頭骨的轟隆作響。不過，光是明白想像的痛苦不等於實際上的痛苦，這已經使我獲益良多了。

23 指第一次世界大戰。

24 位於比利時南部埃諾省（Hainaut）的一個城市。

14

慘劇 Drame

無論死者曾有過什麼樣的感覺，
死亡使一切歸零。
然而，在倖存者的想像裡，
死者從未停止死去。

1912.4.24

船難倖存者難以忘懷那些曾經發生過的恐怖經歷。[25]舷窗外冒出一堵冰山，霎時間，遲疑和一絲希望交錯浮現，然隨之而來的是寧靜的海面上，燈火通明的船艙的景象。接著船頭下沉，所有燈火瞬間熄滅，一千八百名乘客放聲尖叫，而船尾像座高塔般豎起，船上的機器紛紛往船頭滑墜，發出雷鳴般的巨響。最後，這口大棺材不起半點漣漪地緩緩沒入水中。孤獨籠罩著寒夜，歷經這樣的寒冷、絕望而後到來的是拯救。這樁慘劇夜夜重演，叫船難倖存者們無法入眠；他們持續編織著那些記憶，使每個細節都有其各自悲劇性的意義，如同一齣精心編排的劇本。

《馬克白》（*Macbeth*）裡有幕場景：旭日東升，城堡守衛仰望著曙光和飛燕，清新、樸實與純潔的氣息充滿了整個畫面；然而，我們很清楚一樁罪行已經發生。[26]悲劇的恐怖性在此處抵達高峰。同樣地，關於船難的回憶，其中所有的點滴都是在事件過後的延續裡才逐漸明朗。例如，這艘光亮、安靜且堅固的大船在當時曾是令人放心的景象，而在倖存者往後的回憶裡及夢裡，這個我所描繪的景象卻成了大難臨頭的前兆。慘劇正在為一個熟悉內情的觀眾播放，他知道並感受著死亡步步逼近，只是在事發當時，這樣的觀眾並不存在。彼時，誰也無暇思考；場景變換之際，印象也跟著改變了。講得更淺白

25 阿蘭撰寫此文的該年同月，發生英國船隻鐵達尼號的沉船事件。
26 威廉・莎士比亞（William Shakes, 1564-1616）的作品。此處指的是馬克白將軍趁夜謀殺蘇格蘭王鄧肯的劇情。

一點，當時根本稱不上有場景，而只是一些無法預料的、無法解釋的與無法連貫的知覺，尤其是毫無頭緒的行動。船難時的那些想法秒閃秒逝，每個景象都轉瞬即滅。事件終結了慘劇，那些在船難中喪生的人什麼也感覺不到。

感覺是反思和回想。無論在大或小的意外裡都能觀察到這一點，初次的、預料之外的、急迫的行動占據了所有的注意力，而奪去了所有的感覺。企圖還原事件本身的人，如果他夠誠實的話，他會說自己彷彿置身夢境，既理解不了，也毫無預感；然而，他所曾感受到的恐怖會讓他在日後回想的時候，把事件當成一樁慘劇來敘述。在巨大的悲愴中也有同樣的情形，當人陪伴病患直到臨終之際，他會像是陷入一種呆滯的狀態去辦事與應付每分每秒的感受。即使他向別人描述當時的恐懼與絕望，他也並非在那當下受苦。那些太在意自己苦楚的人，當傾訴能賺取別人眼淚時，他們便由此獲得一點小小的寬慰。

尤其要說的是，無論那些死者曾有過什麼樣的感覺，死亡使一切歸零。在我們打開日記本傾訴前，死者的苦難已然結束，他們已被治癒了。這樣的想法並不令人陌生，這使我想到人們並不真正相信死後的世界。然而，在倖存者的想像裡，死者從未停止死去。

15

論死亡

Sur la mort

我們的想像正是我們自己的敵人，
我們對它毫無辦法，
因為想像是無限的，
所以痛苦總會一再產生，毫無進展。

1923.8.10

一個重要政治人物的辭世，讓人有反思的機會，因而隨處可見化身為神學家的人。每個人都想到自己，以及人終有一死的法則，可是死亡這樣的念頭毫不具體，我們反諸求己所感受到的仍是活著的自己。這因此形成一種焦躁。因為我們不知該如何面對這個完全無形的抽象威嚇。笛卡兒說：「最大的痛苦莫過於舉棋不定。」而這下可好，思考死亡就是自找苦吃，且無藥可醫。那些準備上吊的人都好過於此；他們選擇了釘子和繩索，直到最後那一蹬，無不操之在自己手裡。就像有風濕痛的人老在為他們的腿尋找舒適的位置，因此每種狀態，不管它的處境有多糟，都需要某種實際的照應和改善。然而，一個老想著死亡的正常人是近乎荒謬的，畢竟他所擔心的是根本還未知的危險。這股無名火不可遏抑，因為它是純粹激情的結果。無計可施之餘，可嘗試打牌，這個遊戲巧妙地讓思考過度的人去面對一些確實有解的問題，且高下立判。

人並非只有在特殊情況下才顯得勇敢，而是本質上是勇敢的。行動需要冒進，思考需要冒進。危險無處不在，人卻毫不膽怯。你瞧，人會尋找、挑釁死亡，卻不知如何等待死亡。遊手好閒之徒因為焦躁而變得好戰，這並非他們想死，而是他們想感受到自己活著。戰爭的真正原因顯然是一小撮人的百無聊賴，他們想要一種明確的危機，甚至不惜去邀戰、約戰，像打牌一樣。胼手胝足打拚的人則顯得和氣，這並非出於偶然，而是他們無時不刻在贏得勝利。他們的人生是充實且正面的。他們從未間斷地戰勝死亡，而這才是思考死亡的真正方式。讓士兵操心的並非人不免一死的抽象條件，而是應接不暇的實質上的危險。戰爭很可能是對付辯證神學的唯一藥方。杯弓蛇影最終導致我們發動戰爭，因為世界上唯有真實的危險才能治癒恐懼。

再瞧瞧病人的例子，他真實的生病治癒了他對自己可能生病的恐懼。我們的想像正是我們自己的敵人，因為我們對它毫無辦法。該如何對付純屬假設的狀況？一個人假使破產了，他立刻會有許多緊急與待辦的事項，這使他重新找回生命的完整性。而一個害怕破產、變窮的人，光是想像著革命、匯率浮動、證券貶值，這又能如何呢？他又能要求什麼呢？無論他想到什麼都會立刻生出一個相反的念頭去否決它，因為想像是無限的，所以痛苦總會一再產生，毫無進展。他所有的行動都有始無終、相互矛盾。我認為在恐懼裡只有毫無益處的煩躁，而沉思所增添的總是恐懼。當人開始思考死亡的時候，他便害怕死亡。我深信如此。不過，光是想著死亡卻什麼都不做，怎麼不讓他們害怕？當思想被各種可能的死亡給唬住時，怎麼讓他們不怕？光想到考試便讓人腹痛如絞，像這樣五臟六腑翻絞得如同被人拿刀子抵著肚皮，難道不可怕？當然不可怕！因為就是根本無事可被決定時，才會感到肚子裡有把火燒得六神無主。

16

姿態

Attitudes

禮貌的習慣對我們的思想有很大的影響力。假使我們表現出溫柔、善意和愉快的模樣，這對緩和脾氣和胃痛的助益絕不容小覷。

1922.2.16

即使是最粗鄙的人物，當他表現出自己的不幸時，都會成為大藝術家。假使他心頭難過，你會看到他的雙手緊緊揪著胸口，全身肌肉糾結僵硬。即使眼前不見任何敵人，他仍會咬牙切齒、硬挺著胸膛，朝著空中揮拳。而且你要知道，就算他不從外在上做出這些讓人難安的舉止，在他不動如山的身體內部，也從沒少過這類心理的活動，而這樣的後果更加嚴重。人們有時會覺得奇怪，當睡不著覺時，腦子裡揮之不去的多半是些令人不快的念頭；我敢打包票，這些不快的念頭肯定是被身體所發出的類似不舒服訊號給引來的。肌肉伸展及運動有助於克服精神上的痛苦與疾病的初兆，而且這帖藥方屢試不爽，只是從沒人這樣想過。

禮貌的習慣對我們的思想有很大的影響力。假使我們表現出溫柔、善意和愉快的模樣，這對緩和脾氣和胃痛的助益絕不容小覷，包含鞠躬和微笑在內的這些動作都很有幫助，它們使得暴怒、猜疑和憂愁這類跟它們相反的動作無處施展。這也是為什麼社交、拜訪、儀式和慶典總是受人歡迎，因為這是表現幸福的機會，這種喜劇讓我們遠離悲劇，功勞不小。

宗教的姿態很值得醫生去研究，因為信徒跪拜、折下腰和放鬆的狀態紓緩了內臟，並使得身體機能的運作更加順暢。「低頭吧，高傲的西岡勃爾人（Sicambre）[27]。」他並未被要求停止發怒或傲慢，而首先是保持沉默、休息雙眼，並把身體放軟；這種方式去除了性格裡的暴躁成分。不過，這並非是一種長期的或一勞永逸的方式，因為我們的力量遠不及此，而是立即見效與暫時性的。宗教的奇蹟並非奇蹟。[27]

一個人如何驅逐惱人的念頭，這很值得一看。你見他聳聳肩又晃著胸膛，像是要鬆開肌肉；你看他甩甩頭，想產生別的感覺和幻想；或透過一個隨性的動作，把煩惱拋得老遠；一彈指，就準備要跳舞。如果有人在一旁彈豎琴，他的手勢就會跟上節拍，以便甩開所有的暴怒與不耐，連悒鬱也跟著治癒了。

我喜歡表示困惑的動作。人搔搔後腦上的頭髮，不過這只是用來轉移注意力和取樂的小花招，使人免於做出一些像是丟石頭、投標槍等的可怕動作。表達的動作會帶來和平或戰火，繫於一念之差。念珠是一種很棒的發明，它讓思想和手指忙於計算。然而，智者的訣竅更加高妙，他很清楚意志拿激情沒輒，但是它可以指揮人的身體。因此常言道，說服自己很難，但抓起小提琴演奏一曲卻不難。

27 此言出自於羅馬史學家都爾的聖額我略（Sanctus Gregorius Turonensis）的作品《法蘭克民族史》（*Historia Francorum*）。記錄主教聖雷米（Saint Remi）在為建立法蘭克王國的克洛維一世（Clovis）施洗禮時所說的話。西岡勃爾人原是日耳曼族（Germaniques）或凱爾特族（Celtique）的一支，後與法蘭克人混和，因此西岡勃爾人就成了法蘭克人的別稱。

17

體操

Gymnastique

處於煩躁的時候，別試圖說服自己，
因為你的大道理會反過頭來攻擊你自己；
然而即使只是聳聳肩，
那被鎖在胸口裡的煩憂也會跟著一掃而空。

1922.3.16

要如何解釋一個在上台前嚇得半死的鋼琴家只要一開始彈奏，他所有的恐懼就會瞬間煙消雲散？有人會說，他忘了要害怕，這話說得挺對的。不過，我偏好更深入地去反省恐懼本身，而這使我領悟到，藝術家是透過他靈巧的手指運動去掃除、戰勝恐懼的。正因為我們人體是一具牽一髮動全身的機器，只要胸口沒放鬆，手指便無法放鬆；靈巧和僵硬一樣，會擴散到全身。因此，在一個管理得當的身體裡，沒有恐懼的位置。引吭高歌與雄辯時所散發的自信，也是他們全身的肌肉都在跟隨著這樣鏗鏘的節奏而運動。一個重要卻經常被忽略的事實是，讓我們不再受困於激情的並非思想，而是行動。人們無法控制自己要想什麼，但是當他把某些動作操練到熟悉無比，肌肉可以透過體操運作自如的時候，他便可以隨心所欲地運動。處於煩躁時別試圖說服自己，因為你的大道理會反過頭來攻擊你自己，倒不如去試試現今在每個學校裡都能學到的抬手縮臂運動，其效驚人。這也是為什麼哲學老師把你往體操老師那裡送的原因。

一個飛行員對我說過，他躺在草地上等天晴的時候，曾因為想到起飛後的那些種種無法掌控的危險，陷入足足兩個小時之久的巨大恐懼之中。而等他真的回到天上，操縱著他所熟悉的機械時，他的恐懼便不見蹤影。這個說法讓我想起曾經讀過赫赫有名的《放克[28]的冒險》裡的其中一段。一日，他駕駛著戰鬥機在四千公尺的高度飛行，他注意到操作系統不管用了，而且機身正在往下墜。他遍尋原因，最後發現是一顆砲彈從彈艙裡脫位而卡住整部機器。最後，他在戰鬥機持續墜落的同時，把砲彈推回原位，並且在沒有其他損害的情況下，成功地將機頭拉起。這位勇敢的戰士在事後回想或午夜夢迴時，每當想起這驚心動魄的幾分鐘，仍舊感到驚魂未甫。不過，倘若有人認為放克當時和現在是同樣程度的心有餘悸，這麼想就錯了。我們的身體並不那麼隨心所欲，一旦未接收到指令，它就會放任自己去反應，而這反倒會暴露出它沒辦法好好的同時完成兩件事；手心要不打開，要不闔上。要是你張開手心，就把所有緊攥在拳頭裡、激怒你的念頭都放掉了。即使只是聳聳肩，那被鎖在胸口裡的煩憂也會跟著一掃而空。這就好像你無法同時吞嚥又咳嗽一樣，而這正是我拿來解釋藥片功效的道理。[29]同樣地，如果你能打呵欠，就能成功治好打嗝。但是要怎樣才能打呵欠呢？只需要模擬打呵欠的伸懶腰和張大嘴；人的身體裡藏有一隻動物，它既會無預警地讓你打嗝，也會因為你擺出呵欠的姿態而跟著打呵欠。這便是治療打嗝、咳嗽和憂慮的特效藥。不過，會開出每刻鐘打一次呵欠的處方的醫生，該上哪兒找呢？

28 勒內．放克（René Fonck, 1894-1953），法國空軍軍官暨著名的冒險家。
29 可參見本書第2篇〈惱火〉。

18

祈禱

Prières

人一旦受激情左右，
他們便展現出令人吃驚的天真。
而最令人感到意外的是，
理智根本拿激情沒輒。

1913.12.24

人們無法張圓著嘴巴，卻一勁地想要發出「i」的聲音。[30]你只要一試，就會發現這個僅止於想像的、無聲的「i」，最後會變成一種類似「a」的聲音。這個例子證明了，若身體的運動器官執行著與想像所要求的相反的運動，那麼想像其實沒有太大的影響力。人的舉止就是對這層關係的直接證據，因為舉止是展現想法的運動；假使我在生氣，我就會握緊拳頭。儘管大家都明白這件事，卻沒人從這個普遍的事實裡去找出一個能夠排解激情的方法。

所有的宗教都會有個巧妙的實用智慧。例如，一個不願承認事實的不幸之人，他用盡全身的動作來反抗這個事實，可是無意義的費勁只是加重了他的不幸，並讓他精疲力竭，而與其對這樣的他講道理，不如讓他跪下、把頭埋進雙掌之間。因為透過這個體操——這再恰當不過的詞——你阻斷了想像的暴戾狀態，並使他暫時脫離了絕望或暴怒的影響。

而人一旦受激情左右，他們便會展現出令人吃驚的天真。他們難以相信克服激情的方法其實很簡單。一個吃了虧的人會先去找上千條的理由來證明自己蒙受損害；他尋找加重別人罪行的事證，也一定能找到，而且他還能從對方的過往追溯出類似的惡行。

30 法語中的「i」念起來像是英語中「e」的發音。

他對自己說：「看吧，我完全有理由感到憤怒，而且我絕不罷休、絕不寬恕。」這是第一個階段。接著出現的部分是理智，因為人人皆是非凡的哲學思辨家，而最令人感到意外的是，理智根本拿激情沒輒。人們常說：「理智每天告誡我……」然而，悲劇就在於主事者根本不聽理智的勸說。懷疑論者指出，正是這種情況迫使人相信存在著無可抗拒的命運，其所言不虛。最古老神祇的觀念，如同此觀念最細緻的表現一樣，兩者都源自於人類感覺自己被審判、被定罪。在久遠的人類起源時期，人認為自己的激情和夢境皆來自於眾神[31]，每當覺得寬慰或獲得解脫時，他們都從中認出神的恩寵。一個怒不可遏的人雙膝落地，企求能得到內心的平靜，而他必然能得到他所要的平靜，如果他跪下的話；你會領悟到他所擺出的姿態能消解憤怒。而他會說，自己感覺到一股善的力量把他從痛苦中釋放出來。這讓人明白宗教神學就是這麼自然而然地深植人心。如果這個憤怒者沒有獲得任何平靜，也會有某個勸告者輕描淡寫地指出是他不夠誠心的緣故，因為他沒有跪下，或者更應該說，由於他過分執著於他的憤怒；神學家會說，這恰巧證明了神靈是公平的，祂會傾聽人的心聲。而神父的天真不亞於信眾。長久以來，人類受激情左右，後來才注意到人體的運動是激情產生的原因，這使得一套適切的體操遂成為能治療情緒的藥方。這正是因為他們注意到，包含儀式和我們所謂的禮貌在內的姿態所能產生的巨大影響力。這些瞬間改變的情緒叫做皈依，一直以來被當作是奇蹟。而迷信原本就總是透過一些超自然的原因來解釋實際的效果。不過就算到了今天，當最富學問的人遇上自己的激情被觸發的時候，他還是會把這些他所明白的道理完全拋諸腦後。

31 希臘的眾神以人類的形態出現，而非抽象、純理型的概念。因此祂們除了超凡的神力與不朽的生命之外，具有和人類相似的性情、脾氣。

19

打呵欠的藝術

L'art de bâiller

打呵欠透過深度地疏通體內的空氣，使人瞬間轉移了注意力和爭論點。透過這個有效的重整，人體放下思考，展現出對活著的心滿意足。

1923.4.24

一隻狗在壁爐旁打呵欠，這暗示著獵戶把該煩惱的事留待明天。這種由直率、毫無拘束的伸展所呈現出的美麗生命力，不禁令人群起效尤；大家都會跟著伸懶腰、呵欠連連，然後準備就寢。這並非因為打呵欠是疲憊的徵兆，而是透過深度地疏通體內的空氣，使人瞬間轉移了注意力和爭論點。透過這個有效的重整，人體放下思考，展現出對活著的心滿意足。

眾人皆知，專注和驚嚇會使人不自主地屏住氣息。生理學的發現使這件事變得更加無庸置疑，它指出在胸腔附近的強健肌肉一旦陷入激動狀態，便會緊縮、癱瘓胸腔。值得注意的是，類似投降似的、揮舞著雙臂的動作相當有助於紓緩胸腔的壓迫，而用力打呵欠的樣子和這個動作頗為類似。由此可見，再微不足道的煩憂都會讓人極為揪心地做出壓迫胸腔的舉動，然後開始焦躁。焦躁和期待像姊妹[32]，只要我們有所期待，就會開始焦慮，即使只是雞毛蒜皮的小事也一樣。隨著這種痛苦而來的是不耐煩的情緒，對著自己生悶氣，卻什麼也解決不了。儀式是這樣一系列的拘束，而穿著正式服裝出席更加重這樣的拘束，使煩悶不斷蔓延其中。不過，打呵欠也有傳染性，它也能治療在儀式中被感染的煩悶。人們對打呵欠竟能像疾病一樣傳染開來感到納悶。我認為像疾病一樣

32 指這兩件事是一起的、無法分開的。這兩個名詞皆為陰性，因此用「姊妹」（soeur）一詞相稱。

傳染出去的是沉重、專注和滿腹牢騷的神情；相對的，呵欠則像是恢復健康的身體的報償，它透過對一絲不苟的放棄而傳播出去，表現出無所謂的樣子。而這樣一個像是解散般的信號，正是大家所期待的。誰也無法抗拒這小小的舒適，所有的正經都得屈服於此。

笑或哭也屬於相同類型的解決方式，只是相較於呵欠，它們比較刻意，比較強勢；像是兩種想法的相互對峙，一緊一鬆。而打呵欠的時候，所有的想法都拋諸腦後，無論是令人緊繃或放鬆的想法都一樣；自在的活著把一切想法都掃空。所以狗總是打呵欠。所謂神經質的這類疾病，其實就是思想導致的毛病，而只要這類病人打了個呵欠，大家都會覺得這是病情好轉的跡象。不過我認為打呵欠和它所表現出的愛睏一樣，對所有疾病的治癒都有幫助。這意謂著我們的想法對疾病的影響很大，下面這種說法可能比較好理解我的意思。我們可能無意間咬到舌頭而感到疼痛，咬到舌頭在法文裡有後悔的意思，因此會聯想到疼痛；相反地，打呵欠卻不會有產生任何想法的風險。

20

脾氣
Humeur

如果你在尋找快樂，請先儲備快樂；
在收割以前先心懷感激。
因為希望促使希望的理由誕生，
好兆頭則會帶來好事。

1921.12.21

抓癢是激化事態的不二法門。這是在傷口上灑鹽，也是跟自己過不去。孩子一開始就試了這種方法。他大哭特哭，被自己的憤怒給激怒，又拒絕被安慰，這就是賭氣。用傷害所愛的人的方式來傷害自己。所有的懲罰都是為了懲罰自己。因為羞恥於無知，乾脆聲明絕不讀書。為了固執而固執。出於憤怒而咳嗽。在記憶裡尋仇；拿針戳自己；以一種悲劇演員的表演方式，傷害、羞辱地責備自己。認為壞事才是常道，拿大家都是壞人的藉口來容許自己做惡。敷衍了事，等失敗了才說：「我早知道不會成的，幸好我沒認真。」到處板著臉，又怪人冷臉相對。處處惹人嫌，卻又奇怪自己不討人喜歡。用忿忿不平的方式想讓自己入睡。質疑所有的快樂，用憂愁解釋一切，對所有的事情都有意見。把一時激起的脾氣當作自己的脾氣，判決自己：「我就是害羞、笨拙、記性差、老了。」先把自己弄得邋遢，再去照鏡子。諸如此類都是讓人鬧脾氣的陷阱。

因此，我敬重能這麼說話的人：「天氣真冷，這有益於健康。」要上哪兒去找比這更好對付冷天氣的方法呢？當吹北風時，搓手是最棒的了。在這種時候，直覺就是智慧，而身體的反應讓我們覺得快樂。開心是抵禦寒冷的唯一方法。如同快樂大師斯賓諾沙所說：「並非暖和才使我覺得開心，而是因為開心才使我覺得溫暖。」同樣的道理，應該要對自己說：「並非成功才使我覺得開心，而是因為開心才使我能獲取成功。」如果你在尋找快樂，請先儲備快樂；在收割以前先心懷感激。因為希望促使希望的理由誕生，好兆頭會帶來好事。因此，應該把事事都當作好兆頭、好意。愛比克泰德（Epictète）[33]說：「只要你願意，烏鴉也可以是來向你報喜的。」他的意思不僅是應該把一切都視為快樂，更重要的是好的希望會讓一切快樂成真，因為好的希望會使事情好轉。如果你遇上了一個自己不快樂、也搞得大夥都很悶的人，你應該先對他微笑。如果你要就寢了，就該一心想著能睡著。簡而言之，世界上最可怕的敵人莫過於自己。我在前文中描述過一種瘋子的心理狀態，然而那種瘋子不過是把我們會犯的毛病放大了而已。在最輕微的脾氣發作裡，都藏有被害妄想的痕跡。我不否認這種瘋狂和控制我們反應的神經系統的輕微受損有關；而發炎都只會愈來愈嚴重。我只是認為這個例子會讓我們有所啟發，就像被擺在放大鏡下，我們的缺點被放大成恐怖的樣子。這些可憐的人既是問題也是答案，他們自導自演了一齣慘劇。魔咒都有其效果，但你得明白它的效果為什麼會發生。

33 愛比克泰德（Épictète, 55-135），古羅馬新斯多噶學派哲學家。可參見本書第65篇。

21

個性

Des caractères

醫生總在病人身上找病；
而較不為人知的是，
病人會立即猜到這個對他不利的念頭，
並且接納它做為自己的想法，
讓醫生的假設瞬間變成最高妙的確診。

1923.12.4

每個人的脾氣都會受到風向和胃腸消化所影響。有人表現在踹門上面，有人則丟出不比踹門這動作有更多實質意義的話語。偉大的靈魂對這些細枝末節毫不介懷，無論是別人或他自己所造成的事情，他都既往不咎，因為他從沒把這些事情往心底放。可是，普通人卻把一時犯了的脾氣看作常態或改不掉的事，讓它變成自己的個性；只要某天和誰吵架、生氣了，便從此對此人懷有芥蒂。在這件事情上，很少有人會想到要原諒自己，但這其實是願意原諒別人的首要條件。相反地，不稍節制的懊悔，相形之下往往是在擴大別人的過錯。每個人的想法造就了他自己的脾氣，而「我天生如此」這句話的意義遠超過人們所以為的。

有人對香味過敏，這種被花叢或古龍水所挑起的脾氣並非永久的。不過，有些人是自己去尋找、去嗅出那一丁點香氣，並肯定自己為此頭痛不已。任何事都可能有人討厭，如同有人一聞到菸味就要咳嗽一樣。每個國家裡都會有一兩個暴君。失眠的人堅持他怎麼樣也無法入睡，而且認定最輕微的噪音也能把他弄醒，然後豎起耳朵傾聽噪音，並指控全屋子裡的人都不讓他入睡。甚至就連好不容易睡著了，這也會令他生氣，就好像他對自己的個性失去了堅持。人們可以迷戀任何事，我甚至還見過有人專愛輸牌。

有人以為自己什麼都記不得，或者說話時，老找不到需要的字詞。假戲是會真做的，把裝模作樣當真，有時會導致悲劇發生。誰也不否認這裡頭有涉及到真實的疾病與年紀的影響，但醫生也從很早以前就注意到人存在著一種系統化的偏執性格，它會迫使病人去追蹤，且很輕易就能認出疾病的癥兆。人有很大一部分的激情和許多疾病，尤其是精神上的疾病，都與這種誇張的行徑有關。沙可（Charcot）[34]因此不再聽信病人的病情自述；而當醫生充耳不聞時，確實有些疾病就會自動或近乎消聲匿跡了。

佛洛依德（Freud）[35]精巧的學說曾經風靡一時，而如今聲勢下滑的原因在於，要讓一個惴惴難安的人聽信別人要他相信的事情太過容易。誠如司湯達爾（Stendhal）[36]所說：「他的想像力已與他為敵了。」更別提這是一個以性事建構而成的體系，它的重要性來自於人們對這類事情的重視和一種無人不曉的原始詩意。眾人皆知，醫生總在病人身上找病；而較不為人知的是，病人會立即猜到這個對他不利的念頭，並且接納它做為自己的想法，讓醫生的假設瞬間變成最高妙的確診。這便導致了傳說中的那種神奇的失憶症，病人會系統性地遺忘某一類性質的相關記憶。但人們顯然忘了病人也有系統化的性格。

34 讓－馬丁．沙可（Jean-Martin Charcot, 1825-1893），十九世紀法國神經學家，有「神經癥領域的拿破崙」之稱。他也是佛洛依德（Sigmund Freud）的老師。

35 西格蒙德．佛洛伊德（Sigmund Freud, 1856-1939），奧地利精神分析學家。

36 馬利－亨利．貝爾（Marie-Henri Beyle, 1783-1842），筆名司湯達爾（Stendhal），十九世紀法國作家，著有《紅與黑》（*Le rouge et le noir*）。

22

命中注定

La fatalité

生活的藝術首先在於不要因為所做的決定或工作而對自己感到不滿，無須糾結，而是應該把事情做好。

1922.12.12

我們對「開始」這件事，一無所悉，就算只是像伸長手臂這種小事。誰也不是先從給神經或肌肉下命令開始的，而是動作自己會執行。我們要做的就是跟隨它，並且盡善盡美地完成它。所以，不下決定就不影響我們控制一切。就像一名安撫受驚馬匹的車夫，首先需要一匹受驚的馬；而駕馭馬車出發也是這麼回事，馬一受到驚嚇便開始疾逃，而車夫就是將牠的驚跳導往車子該走的方向而已。同樣地，一艘船如果沒了動力，也無法遵循船舵的指揮。簡言之，先走再說；邊走邊考慮上哪兒去也還來得及。

我想知道，是誰做了選擇？誰也沒做選擇，因為我們起初都是孩子。誰也沒做選擇，但大家都先動了起來；因此人的志向取決於天性和環境。所以深思熟慮的人從沒下過決定。最荒謬的莫過於學校教的分析，它讓我們權衡動機和行動，還有一幅像語法圖解的圖，是關於赫拉克勒斯（Hercule）[37]如何在善惡之間做選擇的。誰也沒做選擇，大家只顧著前進，而且所有的道路都是好的。我覺得生活的藝術首先在於不要因為所做的決定或工作而對自己感到不滿，無須糾結，而是應該把事情做好。有些選擇是現成的，而非我們決定的，我們就會傾向認為這是一種命中注定。可是，這些選擇與我們無關，因為根本不存在厄運；所有的命運都是好的，只要我們往好處想它。沒有什麼比爭辯自己的本

37 希臘神話裡，半人半神的大力士。

性更加示弱的表現。誰也沒得挑，而本性的豐富程度已足夠實現最遠大的抱負。欣然接受該做的事，這是偉大且崇高的志業。

「累啊，我以前幹嘛不用功讀書呢？」這是懶人的藉口，否則你現在開始用功吧。假使人們根本不再用功讀書，那麼，我不認為有用功讀過書會有多了不起。仰賴過去和抱怨過去同樣愚蠢。對於已經發生的事，就算再美好也會坐吃山空，即使再壞也不致無法挽救，我甚至認為好運比壞運更難延續。如果仙子曾在你的搖籃上揮過魔杖，那麼你得加倍當心。米開朗基羅（Michel-Ange）[38]的偉大之處在於他不自滿於天分，而是滿懷激情地想要完成更多，拿平順的人生去兌換一生辛勤。這個永不妥協的人直到滿頭白髮仍往學校裡跑，他說自己還在學習。這讓猶豫不決的人明白到，下定決心從不嫌晚。倘若你說渡海的成敗全都決定於掌舵最初下水的方向，這難道不會遭水手訕笑嗎？然而，人們卻讓孩子信以為真，幸虧他們誰也沒聽進耳裡去。但要是他們真養成這個形上學的念頭，以為他們一生的成敗取決於幼時的字母學習，這種有害的觀念不僅不能改變他們的童年，也無益於往後的生活，因為弱者的藉口會生產弱者。「命中注定」就是美杜莎（Méduse）的頭。[39]

38 米開朗基羅（Michel-Ange, 1475-1564）是文藝復興時期傑出的雕塑家、建築師、畫家和詩人，他最負盛名的繪畫作品是梵蒂岡西斯廷禮拜堂的《創世紀》和《最後的審判》。

39 美杜莎（Méduse）是希臘神話中的女妖，她的頭髮都是蛇，相傳任何直視美杜莎雙眼的人都會被變成石像。此處取此意涵，說明相信命中注定就是被美杜莎變成石像的人，再也沒有改變的可能。此外，法國畫家傑利柯（Théodore Géricault）受米開朗基羅《最後的審判》的啟發，以《美杜莎之筏》（取材自一八一六年的沉船事件）畫出船上倖存者們的絕望靈魂，美杜莎亦由此象徵絕望。

23

預知的靈魂

L'âme prophétique

一旦人們放任自己，
盲目跟從雜亂的印象，
世界便會對我們關上門。

1913.8.25

一個名不見經傳的哲學家把某種等待的消極狀態稱為預知的靈魂，在那種狀態下，我們的思想被世界的威力所擺布，如同白楊木隨風飛舞的葉子。此時靈魂聆聽著一切，驚惶失措於任何風吹草動之中。我因此領悟到西碧兒（Sibylle）[40]的狀態，她的三腳鼎和她的痙攣。她對一切保持戒慎，也就是說，她什麼都怕。我同情那些不知道該怎麼對這個巨大世界裡的動靜變化保持視若無睹的人。

偶爾，藝術家想要回到這種眼觀四面、耳聽八方的狀態，把一切顏色、聲音、冷熱變化盡收眼底。他驚訝於農人或水手是如此深刻地嵌進大自然的運作當中，並且仰賴自然而活，而自己卻冷眼旁觀自然界的瞬息變化。這裡存在著一種很美的動作，那就是聳肩，它能卸下所有的重擔。這是王者的姿態。聖克里斯多福（Saint Christophe）[41]穿越河流時，無暇顧及腳下的波濤。他說：「想太多的時候，會睡不著。」想太多的時候，也會什麼都做不成。

應當要清理、精簡、掃除不必要的多慮。對我而言，人的秉性便是在熟睡中把雜念拋除。身體強健的一個指標就是避免胡思亂想、立即入睡，然後精神抖擻的起床，毫無睏意。反過來說，預知的靈魂總是醒得不夠徹底，反覆重溫著他的夢境。

40 希臘傳說中的女預言家，她能在癲狂的狀態中預知未來。
41「克里斯多福」意為背負基督者，在基督教的傳說中，他曾背負耶穌所假扮的孩子過河。

沒人說這般活著不可行。我們奇蹟似地秉賦著預知的能力，只要稍加留意這個身體的特長，即使是最微小的訊號也能被人體所捕捉與銘記在心。某種風聲宣告著即將來臨的暴風雨。能留意天象當然很好，但總不至於因為一點小變化就非得搞得人仰馬翻不可。我看過一台大型自動記錄式氣壓機，它的感應非常的靈敏，只要附近有輛拖車或有人經過都會讓它的指針跳動。倘若我們毫無節制地隨周遭環境變化起舞，我們就會像那台氣壓機一樣敏感，脾氣跟著太陽轉。然而，人做為這個星球的主人不該留意所有的事。

在一個社交場合裡，一個害羞的人想要傾聽、收集、解釋所有的事。對他來說，所有的交談都很蠢，亂無頭緒地像是臨時起意似的。而智者則像個擅修枝葉的好園丁，懂得剪裁他所接收到的訊息和言論。這麼做對世界的幫助更大。因為對萬事萬物皆有感的我們，只會一再地停下步伐，眼前的地平線遂成為一堵走不過的牆。與其如此，我們應該使事物回歸其位。思想是對印象的清洗。

譬如墾荒。我認識一個多愁善感的夫人，她看見砍樹或折枝便覺得心頭難過。然而，倘若真少了伐木工，隨之而來的就是一片荊棘、百蛇橫行、沼澤熱氣引發高燒和饑荒。同樣地，每個人也該把自己的脾氣當成土地來開墾。懷疑精神的根本就在於拒絕順應自己天生如此的脾氣。這個世界是由刀子和斧頭開闢出來的，而條條大路則要用思想來換取；這就像是跟預感作對。反之，一旦人們放任自己，盲目跟從雜亂的印象，世界便會對我們關上門，以茲表態。卡珊德拉（Cassandre）[42]預言了厄運，而委靡不振的靈魂啊，你們應該懷疑她的預言，因為真正的人會振作起精神，並且開創未來。

42 希臘羅馬神話中的特洛伊（Troy）公主，受阿波羅喜愛，因而成為他的祭師並被賜予預言能力。但因為抗拒阿波羅，因此受到他的詛咒，致使她的預言無人相信。

24

我們的未來

Notre avenir

我們的激情和惡習也具備
從各種方面把我們導向宿命的能力。

1911.8.28

人們只要不甚明白事物間的關係和它們的前後因果，就會對未來感到沮喪。巫師的一句話或者一個夢就能摧毀我們的希望。預感無所不在，這是神學的理論。關於那位詩人的寓言，大家都耳熟能詳。他被預言將會被倒塌的房子給壓死，於是，他改住在野地裡。然而，眾神並沒有就此放過他，某天一隻鷹誤以為他的禿腦袋是顆石頭，朝他的頭頂丟下一只烏龜，而把他給砸死了。[43]另一個故事則提到一名王子，依照神諭，他會被獅子殺死。於是，他被保護在婦女們的住所裡。然而某天，他對著牆上繡有獅子的掛毯大發脾氣，他揮了一拳，卻不慎打在一根生鏽的釘子上，最後因傷口感染而死。

這些故事都在宣揚宿命論，神學家繼而將它們發展為學說，認為無論人怎麼做，他的命運都早已注定。這些毫無科學根據，命定論者等於是在說：「無論原因為何，結果都是一樣的。」但是，我們很清楚不同的原因會導致不同的結果。以下的推論可以幫助我們破除這個劫數難逃的未來的陰影。假設我知道自己會在某天、某個時刻被某一堵牆給壓死，這個認知就會剛好使這個預告失效。而我們一直以來就是這樣生活的，我們總是活在洞燭先機之中，並且小心地避開不幸的事情。因此我們合情合理的先見之明，便

43 古羅馬學者蓋烏斯．普林尼．塞孔杜斯（Gaius Plinius Secundus，簡稱老普林尼〔Pliny the Elder〕）在他的作品《博物誌》（*Naturalis Historia*）第十卷第三章中提到，古希臘悲劇詩人埃斯庫羅斯（Aeschylus）被遨遊天際的鷹所拋下來的一只烏龜給砸死。

通常不會發生。如果我停在馬路中間，就會被這輛車給壓死；這麼一來，我就不會在馬路中間逗留。

宿命的想法是怎麼產生的呢？有兩個主要原因。首先，恐懼會讓我們陷入自己製造的不幸事件當中。假使我被告知會被一輛車子給壓死，而我剛好在車子向我駛來之際想到這件事，我可能就無法採取因應措施。因為當下對我有用的念頭是自救，而我的身體會因此即刻有所反應；相反地，出於同樣的身體機制，如果當下我想到預言，想到自己會在此處被車壓死，那麼我的身體就會癱瘓得動彈不得。正是這種思想錯亂的一陣眩暈，才使得巫師們的預言靈驗。

再者，我們的激情和惡習也具備從各種方面把我們導向宿命的能力。向一個賭徒預告他將去賭博，向一個守財奴預告他將會有積蓄，向一個野心家預告他會往上爬。甚至不需要巫師，我們也可以預知自己的命運，只消說：「我就是這樣，我改不了。」這也是一種眩暈，也能使預告成真。假使能理解變化無所不在，各種細小的原因會造成各式各樣的結果，那麼，宿命也就無法成形。你可以讀一讀《吉爾・布拉斯》（*Gil Blas*）44，這是一本不說教的輕鬆小品，從中可以學到無須依賴好運或擔心厄運，而是要懂得拋下包袱、見機行事。我們的錯誤死在我們的先見之明裡，別把它們當成木乃伊一樣地保存下來。

44 法國作家阿蘭－勒內・勒薩吉（Alain René Lesage, 1668–1747）的流浪冒險小說。主人翁吉爾・布拉斯是一位西班牙的年輕人，十七歲時逃學，並開始一次又一次的生活冒險。

25

預告

Prédictions

我寧願不去考慮未來，
而只關注眼下發生的事。
無論對誰來說，
發生在他身上的那些重大的事情，
都是他未曾預料也無法想見的。

1908.4.14

我認識的一個人，他讓占卜師幫他看手相，以便了解他的宿命。他跟我說，這只是算著玩的，他又不信算命。不過，假使他事前曾徵詢我的意見，我定會讓他放棄去算命，因為這是個危險的遊戲。當命還沒有被算以前，要不相信它是很容易的事情。此時還沒有什麼可相信的，當然可能誰都不會去相信。開頭的時候存疑，這並不困難，可是要保持懷疑會愈來愈困難。占卜師很清楚這一點，於是說：「如果你不相信，那有什麼好怕的？」這便是他所設下的陷阱。如果是我的話，我害怕自己會相信。誰知道占卜師會對我說什麼？

我料想占卜師是認真的。倘若他只是想取樂，他會語焉不詳地說些平常就可以預見的事，像是：「你可能會遭遇到一些麻煩和一些小挫折，但是你終究會成功的；有人跟你作對，但真相終究會水落石出，而你會有一些真誠的朋友在身邊安慰你，陪你度過難關；你近日會收到一封信，信上提到的正好是你最近的煩憂⋯⋯」諸如此類的話可以無限的延伸，因為這些話完全無關痛癢。

然而，假使占卜師認為自己真能看見未來，那麼他就會向你宣告一些恐怖的災厄。當你狀態很好的時候，你會一笑置之。但這些話不會消失，而是會存留在記憶之中，它們會出其不意地闖進你的胡思亂想或夢裡，讓你稍感不安，直到某天出現了某些與預言相吻合的事件，讓你再無法付之一哂。

我認識一個年輕的女孩，占卜師看完她的手相之後對她說：「妳會結婚，生一個小孩，然後某天妳會失去他。」當人才剛處於展開生活的起點時，這樣的預告算不了什麼。然而，隨著時間過去，女孩結婚了；她不久前生了個孩子，此時那個預告開始顯得沉重。如果剛好她的孩子病了，這些不祥的話語就會像鐘聲一樣，縈繞在母親的耳邊揮之不去。也許她過去曾經取笑過這個占卜師，那麼，現在輪到占卜師反擊了。

世上無奇不有，再堅決的人都可能碰上能讓他動搖的事。你笑話一個不可思議、不吉利的預告；但如果這個預告有某部分靈驗的話，你就笑不出來了。再勇敢的人遇上這等事，也只能屏息靜待後續。誰都知道，恐懼災禍降臨的折磨不亞於災禍本身。你也有可能遇上兩個素不相識的預言家，他們都對你宣告了相同的事情。假使這樣的巧合仍不會動搖你的心志，那麼，我欽佩你。

我想，我寧願不去考慮未來，而只關注眼下發生的事。我不僅不會讓占卜師看手相，也不會嘗試觀天象以測度未來。因為即使我們再聰明，我也不認為我們的眼光能看得多遠。我發現，無論對誰來說，發生在他身上的那些重大的事情，都是他未曾預料也無法想見的。當人們節制了自己過盛的好奇心之後，無疑地，也該試著不要過度的謹慎。

26

赫拉克勒斯

Hercule

充滿元氣的人總是樂於面對差異和變動。

因為唯獨在力量當中，才會有寧靜可尋。

1922.11.7

人類只能從他的意志裡汲取力量。這個觀念和宗教、奇蹟、不幸一樣久遠。相反地，只要意志受挫，汲取力量的念頭也就自然跟著消褪；因為靈魂的力量由結局來判定。赫拉克勒斯直到淪為奴隸之前，都在以他的肉身親自驗證這個道理；他寧願壯烈犧牲，也不要苟且生活。[45]這個神話極美，但願這樣的事蹟能傳頌於孩童之間，以便讓他們學會如何戰勝外在的力量。因為這才是真正的活著，而還有另外一種活著，那是懦夫的方式，雖生猶死。

我欣賞的一個男孩，他在奮鬥時懂得反省。倘若他做了錯誤的決定，他首先會承認：「這是我的錯。」他尋找自己出錯的地方，起勁地搥胸頓足一番。而那種徒具人形的木偶又是如何呢？他只會找藉口、怪罪別人，卻從中得不到任何樂趣，因為他很清楚那些人、事與他的不幸無關。而他的思想就像嚴酷季節裡的枯葉，飛蓬隨風，惶惶難安。讓我感到驚訝的是，那些向著自己以外的地方找藉口的人，從不因此感到滿足，他們遠不如那些能直接了當認錯的人。能直接認錯的人說：「我當初真蠢」，並從這個他們已經接納、消化的錯誤經驗裡重拾力量和鼓舞。

45 根據希臘神話，赫拉克勒斯因為中了詛咒而誤殺自己的好友，他因此自願成為奴隸。後來，他為奸人陷害中毒，遂決意自焚而亡，並在死後返回神界。赫拉克勒斯的勇敢之處在於，他從不畏懼犯錯、認錯，這因此使他能永恆向著光明前行。

有兩種累積經驗的方式，一種讓人沉重得動彈不得，另一種則使人步履輕颺地走得更快。就如同有興高采烈的獵人和愁眉苦臉的獵人一樣。愁眉苦臉的獵人讓兔子跑掉了，便說：「這就是我運氣的寫照，」跟著又說：「倒楣事全給我碰上了。」同樣的情形，興高采烈的獵人會讚賞兔子的狡獪，因為他很清楚，奔往鍋子裡被烹煮絕非兔子的工作。讚揚這般勇者智慧的諺語很多，而我祖母常說的「烤好的雲雀不會從天而降」，這句話的意義就頗為深刻，就像要睡覺得先鋪床一樣。愚者說：「我真想懂得欣賞音樂」，那麼，他該去學音樂，偏偏他又什麼都不做。

一切都跟我們做對。這話得要說得更仔細些，天地不仁，以萬物為芻狗。少了人的努力，大地只是遍處荊棘、瘴沼；這既與敵意無關，也與善意無關，只有人為的努力才是為人服務的。然而，希望會製造恐懼，這就是為什麼僥倖的勝利會是一個糟糕透頂的開始的原因。起初讚美神的人，會以詛咒神告終。就像新婚夫婦看承辦婚儀的市長和教堂侍衛特別順眼一樣，因為他們沒看見教堂執事是用什麼樣的表情吹熄蠟燭的。某天，我觀察到一個香水鋪店員對客人的微笑，她的微笑隨著關上店門後消失。商人關店門的樣子是很值得一看的。一旦外在的事物，甚至一個人，向我們表明了他的運作模式，讓我們發覺到自己並不受到任何特別關照，我們便會回到自己運轉的軌道上；但是，只要有人對我們稍施以小惠，我們的判斷就會失常，除了希冀別人的幫助以外，毫無作為。

關上店鋪以後的人總是更加的動人、可親，由於在他們豐厚的存在裡，蓄滿了先見與體察。我注意到充滿元氣的人總是樂於面對差異和變動。因為唯獨在力量當中，才會有寧靜可尋。

27

意願
Voulair

命運是變動的，
一彈指就會創出一個新的世界，
菲薄之力也會引發無盡的後果。

1909.5.9

「葉子正在萌芽。不久後，就會出現金花蟲（galéruque），那是一種綠色小肉蟲，會住在榆樹的葉子上，把它們吃光光。這樣一來，這棵樹就會像人少了肺一樣，無法呼吸。你會看見，為了防止窒息，這棵樹努力地吐出新葉，再次撐過這個春天。不過，這份努力也會搾乾它。等著看好了，再過個一兩年，這棵樹就會再也長不出新葉死去。」

當我和一個熱愛樹木的朋友在他的庭院裡散步時，他這樣抱怨道。他向我指出那些百年古樹，並向我宣告它們不遠的末日。我跟他說：「該跟它搏一搏。這種小毛蟲根本不算什麼。殺得了一隻，就殺得了成千上百隻。」

他說：「什麼上千隻蟲？這裡有幾百萬隻蟲。我連想都不敢想。」

我對他說：「可是你有錢，大可顧人抓蟲。給十個工人十天的時間，便能殺掉一千多隻蟲。難道你會捨不得花幾百法郎，去保住這些美麗的樹？」

他回答道：「我的樹太多，而工人卻太少。況且，他們怎麼搆得著那些最高的樹枝呢？這得請專門的樹木修剪工人過來。在我們這一帶，像這樣的專家只有兩位。」

我說：「有兩位已經不錯了。他們就專門負責最高的部分。至於其他比較不在行的工人，可以攀著梯子幫忙。即使你無法救活所有的樹，至少可以顧全兩到三棵。」

他終於鬆口說：「我沒那麼有幹勁。我知道我會怎麼做。我會到別的地方待一陣子，免得親眼目睹小肉蟲侵吞了我的整片樹林。」

我回答道：「噢，這是想像在作祟，它讓你未戰先敗。別把眼界放到你雙手以外的地方去。一旦考慮到事情的無比沉重和人類的脆弱，就什麼也做不了。所以應該要付諸行動，並想著該怎麼行動就好。你瞧這個泥水匠，他不疾不徐地轉動他的抹刀，石塊只是挪了點位置，然而房子會像這樣逐步完工，有孩子們在石階上蹦蹦跳跳著。我很欽佩一名曾經見過的工人，他拿著電鑽要在一道十五公分厚的鋼牆上鑽孔，他邊吹著口哨邊工作，鋼鐵的粉屑像雪花般飄落。此人果斷的態度讓我深深著迷。而這已經是十年前的事情了，他肯定鑽成了那個洞，還完成了其他的洞。蟲子的事也給了這樣一個教訓。比起大榆樹，小肉蟲算得了什麼？但是它們匯集在一起，不停地嚼，就能吃掉一整片森林。要對點滴之力有信心，效以蟲法，還諸蟲身。你有諸多的優勢，否則榆樹林早就不見了。命運是變動的，一彈指就會創出一個新的世界，菲薄之力也會引發無盡的後果。種出這片榆樹的人不曾因為個人生命的短暫而對種樹怯步。你該像他那樣起身行動，別把眼界放到你的雙腳之外，那麼就能拯救得了你的榆樹了。」

28

人各有志

Chacun a ce qu'il veut

光顧著往上爬，
卻不看看腳底踩的是什麼，
而讓人不慎墜落的地心引力卻時刻都在。
誰沒留意地心引力無所不在，
誰就準備吃大虧。

1924.9.21

人各有志。年輕人不懂這套，因為他們光抱著願望，等著不勞而獲的天賜糧食嗎哪（manne）[46]。然而，神賜的嗎哪不會從天上掉下來。人們所想要的東西就像一座山，它不會跑，而就在原處等著，但人們得翻越山嶺去把它取回來。我看著那些滿懷信念的野心家紛紛踏出第一步，也看著他們取得勝利，他們成功的速度，甚至遠比我所預料的還快上許多。他們絕不會推延任何有用的門路，只要是他們覺得對自己有助益的人，他們就會定期去拜訪，至於那些討喜卻無用處的人，他們也會毫不猶豫地捨棄。總之，需要逢迎拍馬時，他們絕不會草草了事。我並非在指責他們，畢竟人各有所好。只不過，要是你膽敢對著能幫助你的貴人撂狠話，最好就別祈禱人家還會幫你一把；你幻想成功，就像人幻想成為鳥一般痴人說夢。你總不能既要當部長，又不聽人民請願，也不設法解決請託吧。我認識不少懶人，他們總是說：「別人有事會找我的，用不著我動一根手指頭。」事實是，他們想要不受人打擾，也因此誰都不會去搭理他們。所以，他們並不如自己以為的那樣不幸。愚蠢的人會突然在兩天之內奔走十個門路，像老鷹猛撲往獵物一樣，像這樣缺乏良善準備的行徑是不可能成功的。我見過一些頗具才能的人也會這般魯莽行事，就如同想要徒手劈開保險箱。而等到這樣做卻失敗之後，他們又說社會不公，

46「嗎哪」（manne）是指《聖經》裡提到的古以色列人經過沙漠時所獲得的天賜食物。

如此其實不甚公道。對於那些一無所求的人，社會沒理由給他們任何東西。我指的是堅持不懈地追求，而能夠這樣堅持已經很不錯了，因為知識和能力並不能解決一切事情。有些懂政治的人，他們冷眼旁觀政局發展，只因為不想政治的卑劣手段弄髒他們的手。所有的職業都有它不令人喜歡的一面。如果他們不喜歡這個行業，那麼他們的滿腹學識和判斷又有何用呢？巴雷斯（Barrès）[47]接見訪客、批改公文，並從這些行為中牢牢記住他所許下的承諾。我不知道他是否是個天生的大政治家，不過，他肯定熱愛這一行。

我這等於是在說那些想發財的人都會成功。這話肯定叫那些徒有發財夢的窮光蛋聽了刺耳。他們望著大山卻不行動，偏偏大山等著他們走靠近。金錢就跟全世界所有的好處一樣，得先對它死心蹋地，才可能得到它。很多人覺得自己僅僅是出於需要花錢才去賺錢；可是，錢會躲開那些僅出於需要才找上門來的人。真正會發財的人想從任何事情上撈一筆。而那些對開店抱持著美麗幻想的人，希望與顧客相處如朋友、能隨心所欲地經營、無須錙銖必較，甚至可以削價相售的人，他們必然血本無歸。想要有錢的人，必須不講情面，必須狠下心腸；就像古代的騎士一樣，他得經得起考驗。成天攢下蠅頭微利來累積財富的速度不會比融合汞和黃金更快。然而，沒定性的人注定什麼都得不到。光想花錢的人是賺不到錢的。這很公道，因為他想的本來就是怎麼花錢，而非如何賺錢。我認識一個出於興趣，也是基於某種健康因素，而去經營農場的業餘者。他只盼望能收支平衡，卻連年虧損。最後，以破產收場。有一些老人，甚至乞丐們也嗜錢如命，這算是一種癖好；然而，商人是用職業的方式來愛錢。想要賺錢，得講究辦法；也就是說，要懂得積沙成塔。否則就會變成光顧著往上爬，卻不看看腳底踩的是什麼。並非所有的岩石都長得牢靠，而讓人不慎墜落的地心引力卻時刻都在。崩塌是個很貼切的詞彙，因為虧損總是緊緊尾隨著商人，並隨時準備拉他下馬。誰沒留意地心引力無所不在，誰就準備吃大虧。

47 莫里斯・巴雷斯（Maurice Barrès, 1862-1923），法國作家、政治家。

29

關於宿命

De la destinée

金錢只會流向那些視之如命的人。
你有本事就去幫我找一位一心想發財，
卻發不了財的人吧。
我指的是真心甘願，
而希望並不是甘願。

1923.10.3

伏爾泰（Voltaire）[48]說：「宿命牽引著我們，尋我們開心。」這句話出自這樣一位擁有堅定信念的男人口中，令我倍感震撼。命運的外力總是強行闖入；一塊石頭、一顆砲彈當然也會讓笛卡兒死於非命。這樣的力量能瞬間把我們從地表上統統剷除。然而，即使突如其來的事件可以輕易地除掉一個人，卻無法改變他。我向來欽佩那些朝著目標堅定不移地前進的人。他們化所有的阻力為前進的助力，如同狗把吃進肚子裡的雞轉化成自己的肉和脂肪，人也如此消化掉他所碰上的事件。本性堅強的人會因為鍥而不捨的意志，最終從種種變數裡尋獲自己要前往的道路。強者所到之處必會留下痕跡，不過凡人皆能如此。對人來說，外在的世界猶如衣服一樣，會隨著人的形體和姿態改變模樣。要整頓或弄亂一張桌子、辦公室、房間、房子，全憑一雙手來下決定。大事、小事相繼而來，我們根據一種外在的判準來決定它們的好壞；但是，就像老鼠會鑽出符合牠身形的洞口一樣，人按照自己的性格主導事態的好壞發展。你瞧清楚了，他做了自己想要的事。

「年輕人所想要的，全都在老人那裡。」歌德（Goethe）[49]在他回憶錄的一開頭，就引用了這句諺語。歌德是說明強者的最佳代表性人物，他按照自己的專才塑造萬物的面

48 伏爾泰（Voltaire, 1694-1778），原名弗朗索瓦－瑪利．阿魯埃（François-Marie Arouet），法國啟蒙時代思想家、作家。

49 約翰．沃爾夫岡．馮．歌德（Johann Wolfgang von Goethe, 1749-1832），德國詩人。

貌。確實，並非所有的人都像歌德，然而所有的人都能做自己。一般人所鑄下的印記可能不美，但是他可以處處留痕。他所要的也許不是不可得之物，但凡他所要的，總能拿到手。像這樣的人，與歌德毫無半點相似之處，但他也從來不想成為歌德。斯賓諾沙是最能理解人的本性就像鱷魚的厚皮般執拗不屈的人。他說，人無須像馬一樣的完美。同樣地，誰也用不著歌德的完美。可是，商人無處不營生，就算在廢墟上，他也照辦買賣，如同高利貸的人放利，詩人吟詩，懶人睡覺。很多人會埋怨自己缺這個、少那樣的，但其實是他們並不真的想要那些東西。這位上校在還沒當上將軍以前就退役了，倘若仔細調閱他的軍職生涯，我必然會找到某件他該做卻沒做，而且根本不願意去做的事情，來證明他其實不真的想當上將軍。

我見過不少有能力卻居於下風的人。他們到底想要什麼？直言不諱？他們確實如此。不逢迎拍馬？他們確實沒奉承過任何人。要能批判、能勸諫、能拒絕？他們也都辦到了。他們兩袖清風？反正他們不也總是瞧不起金錢，而金錢只會流向那些視之如命的人。你有本事就去幫我找一位一心想發財，卻發不了財的人吧。我指的是真心甘願。希望並不是甘願。詩人希望得到十萬法郎，他卻不知從何處下手，他沒有為靠近這十萬法郎付諸過任何一點動作，因此他當然半分錢都拿不到。不過，他倒是想寫出好詩來，而他也成功了。本性自有動人處，如同鱷魚長鱗甲，鳥兒長羽毛一樣。這種憑本能而闖出名堂也可稱之為宿命。不過，即使這種武裝及組織都如此完備的生命，與那塊意外打死皮洛士（Pyrrhus）[50]的瓦片都能稱作是宿命，它們卻毫不相似。這件事和一位智者曾對我說過的話有異曲同工之妙，他說，喀爾文（Calvin）[51]的宿命論與自由本身相距不遠。

50 皮洛士是希臘伊庇魯斯聯盟（Epirus）的統領，希臘化時代最著名的將軍和政治家。攻打阿爾戈斯城（Argos）時，他身陷一場巷戰中，被一名老婦人以磚瓦砸暈，並意外被阿爾戈斯士兵所殺。

51 約翰．喀爾文（Jean Calvin, 1509-1564），法國神學家。他認為人是否得救取決於神的揀選，在這件事上，人的選擇是毫無主權的。

30

別絕望

Ne pas désespérer

只要我還愛喝酒，
我就無法想像戒酒是怎麼一回事，
因為我的行為已經是對戒酒的抗拒了。
而一旦我不再喝酒，
這個行為本身就足以使我遠離喝醉。
同樣的道理也適用於
憂愁、賭博等所有方面。

1912.8.24

警察堅持要醉鬼發誓戒酒的這個行徑，展現出行動的特質。理論家不以為然，因為就他看來，習慣和惡習都是根深柢固、難以動搖的。他拿物質的法則套用在人身上，認為每個人都有他自己的行為模式，如同鐵和硫磺各有特性一樣。不過我傾向認為，人的善行或惡行往往並非出自於人的本性，就像鐵的本質不是被人拿來鍛造或軋壓，或者硫磺的本質不是用來研磨成火藥粉一樣。

拿酗酒者的例子來說，我認為警察的處理不無道理。喝酒是使用造成的需求，喝酒的人會愈喝愈覺得口渴，然後不知不覺喝過了頭。可是最初開始喝酒的理由是很微不足道的，一個誓言就足以取消它；而只要從想法上有這個小小的努力開始，我們的醉鬼就再也滴酒不沾，彷彿他這二十年來所喝的只是開水而已。相反的情形也可能發生。從不喝酒的我，也能不費吹灰之力地變成酒鬼。我喜歡賭博，後來因為手頭緊，就再也沒想過賭博這件事；不過，倘若我又開始摸牌，我肯定又會喜歡上這玩意兒。我們一頭栽入這種激情的需求裡，認為無法自拔，而這更可能是一個判斷上的錯誤。不喜歡乳酪的人，連嚐都不想嚐它，因為他認為自己絕不會喜歡乳酪；單身人士往往會認為自己受不了婚姻生活。人遇上不幸的事，就會產生再也不可能好運的信念，並從而拒絕改善自己的處境。我認為這是一種幻覺，而這種幻覺來自於人們無法判斷自己所沒有的東西。只要我還愛喝酒，我就無法想像戒酒是怎麼一回事，因為我的行為已經是對戒酒的抗拒了。而一旦我不再喝酒，這個行為本身就足以使我遠離喝醉。同樣的道理也適用於憂愁、賭博等所有方面。

搬家前夕，你與將要搬離的房子告別；你的家具都還沒搬上路，你便愛上另一個新住所；舊居早已被拋諸腦後，跟著一切也會被淡忘。眼前的一切總有一股活力和新鮮感，而人們會透過具體的行動來融入其中，所有人都不知不覺這麼過活著。習慣是一種偶像，它主宰的力量來自於我們對它的順從。這便是我們被思想擺布之處，我們無法做我們無法想像的事。想像主宰人類的世界，然而這也使得它無法超出想像；或者應該這麼說，想像不懂創造，因為創造是行動的事。

我的祖父在他約莫七十歲的時候，突然覺得對固體食物食不下嚥，並且以牛奶維生長達五年。有人說，他這是一種怪病，此話倒也不差。某天，在家庭聚餐的時候，我見他突然抓起雞腿啃，而在這往後的六七年間，他的飲食習慣就又回歸跟常人無異。開始吃雞腿，這確實是奮力一搏的行為，但他要衝撞的對象是什麼呢？他要衝撞的是意見，或者該說，是他對意見所產生的意見；也可以說是他對自己的意見。人們會認為這是祖父的特立獨行。那倒未必。因為人皆可如此，只是大家都熱中於扮演自己的角色，而無暇注意這點。

31

在大草地上

Dans la grande praire

在未來的生活中，
人人都會根據自己的選擇
和自己定下的律則而受到懲罰。
這便是我們無止盡滑向的未來，
屆時，所有的人都得
打開自己所選擇的包裹。

1909.6.5

柏拉圖（Platon）[52]說過不少童話故事。簡略的來看，他的童話故事跟其他所有的童話故事很類似。然而，某些像是不經意從他童話故事裡丟出來的話語，卻會迴盪在我們心底，照亮那些不為人知的角落。如同厄爾（Er）的故事：他在一場戰役中被誤認為是已經死去的人，拖進地獄之中。後來經過查明，發現他原來陽壽未盡，於是又被送回人間，並且得以講述他在地獄裡的經歷。

在地獄裡最可怕的考驗就是靈魂或者幽靈，這東西可以隨意稱呼，他們被帶往一片大草地，有許多袋子拋丟到他們面前，那些是可供挑選命運的袋子。這些靈魂依舊帶著他們生前的記憶，並且依照過去的欲望和悔恨去選擇新的命運。那些嗜錢如命的人選了來世不缺錢花的命運；那些生前擁有很多錢的人選擇了有更多錢的來世；那些享樂者選擇了裝滿歡愉命運的袋子；野心家選擇成為國王的命運。最後，所有人都挑好他們想要的袋子，把新的命運揹上肩，喝下忘川水（Léthé）——那是讓人忘卻一切記憶的水。然後，回到地表，帶著他們重新挑選過的宿命，降生為人。

這是一種特殊的考驗與古怪的懲罰，它的恐怖程度遠超過平鋪直述的表面故事，因為只有為數不多的人會去反省幸福與不幸的真實原因。那些人追根究柢，發現專橫的欲

52 古希臘哲學家。

望使理智失效。於是，他們對財富懷有戒心，因為那會讓他們樂於受奉承，而聽不見不幸者的哀鳴。他們也慎防權力，因為那使他們失去公允，淪為權力的工具。他們也排拒享樂，因為那會蒙蔽且捻熄智性之光。這些聰明人小心翼翼地檢查著每一個看似美麗的袋子，處處戒慎恐懼以免丟失了平常心，他們不願在璀璨的命運中，冒險丟失自己歷經千辛萬苦才獲得的一點區辨好壞的能力。最後，他們一肩扛起別人不要的慘澹命運，揹著走。

可是別人終其一生都在為追求他們的欲望而活，盡情享受他們所認為好的生活，眼界不超過飯碗。而這些人除了選擇更加的盲目、無知、更多的謊言與不公正以外，還選了什麼呢？這就是他們對自己的懲罰，任何法官都不至於給出這般嚴厲的懲罰。現在，這個百萬富翁可能正站在大草地上。他會怎麼選呢？讓我們暫且把隱喻丟到一旁；柏拉圖總是比我們所以為的更貼近我們。我從沒經歷過死後重生，因此說我不相信這種事沒有太多意義，我甚至不知從何思考起。我寧願這麼想，在未來的生活中，人人都會根據自己的選擇和自己定下的律則而受到懲罰。這便是我們無止盡滑向的未來，屆時所有的人都得打開自己所選擇的包裹。當然，我們也總是不停地喝著忘川水，怨天怨命運。選擇野心的人不認為他同時選擇了下流的奉承、嫉妒和不公義，然而這些都在同一個包裹裡。

32

鄰近所致的激情

Passions de voisinage

面對一個不熟稔的人，
人們展現著自己的優點，
這樣的努力使我們在自己
或別人面前都行為合宜。
人們對陌生人不會抱持任何期待，
所釋出的些微善意都使人感到高興。

1910.12.27

有人說：「跟最親近的人最難相處。因為人們會彼此毫不收斂地大吐苦水、小題大作。對於親近的人的舉止、話語和看法，特別容易看不順眼，也絲毫不遮掩個人的激情，只要一點點小事就要發火；因為人們認定親近的人對他們關心、包容與不計較。因為太熟悉了，所以無須維持好形象。這種無時不刻的真性情一點也不真實，它放大了所有的事。因此，在最團結的家庭裡，也會出現始料未及的尖銳語調和激動的手勢。而禮貌和禮儀比我們所以為的更加有用。」

另一個人說：「跟不熟的人相處最困難。礦工在地底為礦主挖煤；裁縫鋪裡的師傅日夜趕工，讓衣著入時的女顧客能在百貨公司裡挑揀貨色；此時此刻有一些清貧人家，為了賺取微薄的薪資而忙於拼接、黏著玩具，以供那些富豪人家的孩子取樂。無論是那些富裕的孩子、風雅的女士或礦主都無感於此，然而，他們都會憐憫一隻喪家之犬或者一匹精疲力竭的馬。他們對佣人很客氣且友善，一見到他們的眼眶泛紅或鼓著腮幫子便連聲安慰。人們總是誠心寬宏地打賞，因為他們會看到侍者、送貨員與馬車夫收到賞金時，臉上泛出快樂的表情。同一個人可以付很多的小費給搬運行李的腳夫，他卻會認為鐵路職員依靠鐵路公司所給付的薪水，就可以過得很好而不被剝削。大家都無時不刻在傷害著自己所不認識的人；而社會是一部美妙的機器，它讓好人在毫不知情的情況下變得殘酷。」

第三個人說：「跟泛泛之交最容易相處。每個人的言行舉止都不逾矩，因此也不容易發怒。臉上掛著親切的神態，心裡也就跟著舒坦起來。那些會讓自己感到後悔的話語，根本不會想到要說。面對一個不熟稔的人，人們展現著自己的優點，這樣的努力使我們在自己或別人面前都行為合宜。人們對陌生人不會抱持任何期待，所釋出的些微善意都使人感到高興。我注意到那些外國人總是受人喜愛，因為他們只會說些語中不帶刺的客套話。因此有些人熱愛國外生活。在外地，他們沒機會顯露凶惡的一面，而格外喜歡這樣的自己。除了對話以外，在人行道上，大家也會展現友好、相互禮讓的一面，年長者、孩童、甚至是狗都可以暢行無阻。相反地，在馬路上，車夫們相互叫囂，因為他們受到乘客的催趕，而他們的乘客坐在車廂裡，根本看不見其他的乘客。社會的和諧來自人與人之間直接關係的建立、利益上的彼此交會與面對面的互動，而非透過社會機構。社會是一部機器，像工會或行政部門也都是這類的機構。至於以社區為單位的組織，既不會過大，也不致太小，像這樣以區域大小所組成的聯邦，才是真正維繫社會和諧的理想單位。」

33

家庭裡
En famille

人都會避開與他們不同的人，
並處處尋找臭味相投者。
這就是為什麼各家有各家的規矩和生活習慣。

1907.7.12

有兩種人，一種慣於吵雜，另一種習慣安靜。我認識不少人，他們在工作或者睡覺的時候，只要周圍發出一點點說話聲或者椅子輕微地拖動，都會令他們發飆。我也知道另一種人，他們絕不去干涉別人的行為。他們寧可失去一個珍貴的點子或者少睡兩小時，也不願去禁止旁人交談、嬉笑與唱歌。

這兩種人都會避開與他們不同的人，並處處尋找臭味相投者。這就是為什麼各家有各家的規矩和生活習慣。

有些家庭的默契是，凡是會使家人不開心的事都不許做。一個討厭花香，另一個討厭噪音；一個需要在晚上保持安靜，另一個喜歡早晨時很清靜。這個不喜歡觸及宗教議題，那個受不了別人談政治，每個人都覺得別人有權「否決」（veto）[53]，也尊重這樣的權利。一個人說：「這些花會讓我成天頭痛。」另一個人說：「晚上約莫十一點的時候，有人推門的聲音大了點，害我整夜闔不了眼。」吃飯時間搞得像議會，每個人都拚命抱怨。每個人都知道這些複雜的規矩，並把教會孩子們遵守這些規矩當作教育的首要任務。最後，大家都謹守本分、相望無語，或者說些不著邊際的泛泛之言。這種做法只會帶來一種死氣沉沉的和平與毫無樂趣可言的幸福。總歸一句，如同每個人都飽受他人打擾而不

53 這個字出自於古羅馬時期，保民官為保護民眾權益，有「否決權」（veto）可以反對元老院所通過的立法或官員任命案。此外，這個權利也可以使用在反對執行官的某項裁決行動上。

是打擾了別人，大家都自以為慷慨，且時時遵照這樣的信念：「不該只為自己而活，要處處設想他人。」

當然也有另外一種家庭，每個成員的一時興起都受到尊重和支持，誰也不去理會自己的快樂是否建築在別人的痛苦之上。不過，我們完全不考慮這些人，因為他們就是自私鬼而已。

34

關心
Sollicitude

所謂道德，
就是千萬別跟人說他臉色差。

1907.5.30

眾所皆知這個著名的場景，就是所有的人輪番對巴西兒（Basile）說：「你臉色蒼白得厲害。」最後，他相信他自己生病了。每每當我置身在一個親密無間的家庭中，那裡的每個人都關心著其他人的身體狀況，就會讓我想起那齣戲。而誰的臉色要是有點白或者有點紅，他就該糟了，全家人都會開始憂心忡忡地追問：「你有睡好嗎？」「你昨天吃了什麼？」「你工作過度了」，或者說些其他的安慰話語。接著，便開始細數哪些人生了什麼病，「只因為他們沒有及早注意與治療」。

我同情生性有點怯懦和敏感的人，被家人以底下這種方式疼愛、寵溺、保護與照顧著。平常的小小不適，譬如腹瀉、咳嗽、打噴嚏、打呵欠、神經痛，只要發生在他身上，都像是可怕疾病的徵兆，而有關他疾病的任何進展，都在整個家庭密切的監控下。即使醫生一點都不覺得這個病有什麼大不了，你也很清楚，他也絕不會勞心諄諄地要他們別過度擔心，以免得被當成蒙古大夫。

只要心裡憂慮，就會開始失眠。我們這位想像的病人開始徹夜傾聽他的呼吸，以便白天可以轉述他夜晚的狀況。要不了多久，他就會被驗出病來且人盡皆知，而原本已了無生氣的話題會因為聊起他的病況恢復生機。這個倒楣鬼的健康情形就像證券交易所裡一支有行情的股票，一下子漲、一下子跌，他對自己的狀況也或多或少有些理解。總之，他變成一個精神耗弱的人。

該怎麼治療才好呢？遠離他的家庭，搬到陌生的圈子裡生活。他們會有口無心地問候：「身體好嗎？」只要你一認真相待，他們便一溜煙地走遠。他們不會聽你抱怨，也不會用讓你牽腸掛肚的關心眼神看著你。在這樣的對應下，假使你沒有瞬間感到失落，那麼你就痊癒了。所謂道德，就是千萬別跟人說他臉色差。

35

家的和睦

La paix du ménage

一個動作能排開另一個動作，
如果你伸出友善的手，
你就無法同時揍人一拳。
所有的情感都是如此。

1913.10.14

我又要提到儒勒・雷納爾（Jules Renard）[54]所寫的那本恐怖的書《胡蘿蔔鬚》（*Poil de Carotte*）。書中描寫親人之間的毫無寬待，有一點說得很對，那就是事情壞的那一面，其實不難察覺；人們習慣表露激情[55]，卻羞於表達友情。愈是親密的人就愈是如此，不懂這番道理的人，肯定沒好日子可過。

在家庭裡，尤其是在最坦誠以待的家人之間，沒人會矜持，也沒人用得著帶面具。因此，孩子應當認為母親不需要證明她是個好媽媽，否則便是個可惡透頂的壞小孩。好孩子不該對母親偶爾的失控有所質疑，那通常是他自找的。禮貌是用來應付陌生人的，而好或壞脾氣，則是留給心愛的人的。

有一種相愛的表現，是天真地把對方當作出氣筒。智者把這當作信任和自在的證明。小說家則經常描述妻子突如其來的禮貌、體貼，來做為她對丈夫不忠的第一個表徵。不過，這並非是攻於心計的意思，而是妻子在丈夫面前不再如此自在的緣故。「我被打得心甘情願」，舞台劇常用的這句話，是把內心真實的情感放大到近乎荒謬的地步。打、罵或誣賴，這是人衝動的直接反應。毫無節制的信賴則會導致一個家庭的覆滅，我指的是家會變成一個令人討厭的場所，因為每個人都氣沖沖地互嗆。這個結局是可以預

54 皮耶爾－儒勒・雷納爾（Pierre-Jules Renard, 1864-1910），法國作家。

55 指發怒的激動情緒。

見的。成天親密無間地相處，每個人的火氣都會相互傳染，於是一點點小激情，也會被無數倍的放大。要描述這些壞脾氣很容易，只是如果肯解釋壞脾氣的緣由，也就可以避免這個問題了。

面對一個親近的人，如果他老是喋喋不休地抱怨或愛生氣，大家會很天真地說：「他的個性就是如此。」不過，我不相信個性這種東西。因為事實證明，長期受到壓抑的東西會逐漸失去它的強度，最終可以被省略無視。在國王面前，朝臣並非在掩飾他的壞脾氣，而是這個壞脾氣被比它更強大的動機，也就是取悅國王的動機所化解了。一個動作能排開另一個動作，如果你伸出友善的手，你就無法同時揍人一拳。所有的情感都是如此，它們被激化的程度端看你採取行動或壓抑的舉止。滿腔怒意的夫人會因為有客人在場而收斂起自己的火氣，我不會說「這真偽善」，而會說「這個降火氣的方法真有效」。

家庭倫常和法治一樣，它不會自動產生，而是需要意願去建立與維護。誰能夠懂得衝動之下直接反應的危險，誰就能克制住自己的舉止，並且保護住他所珍惜的情感。這就是為什麼婚姻需要有心維繫才能歷久不衰。由此可見，有意的心存善念，有助於平息風暴。誓言的妙用正是在此。

36

關於私生活

De la vie privée

就算幸福像水果，
人們也需要幫助它好好的成長。

1913.9.10

應該是拉布魯耶（La Bruyère）[56]曾說：「有好的婚姻，卻沒有完美的婚姻。」我們的人性必須從假道學家所設下的困局裡逃脫。對他們而言，幸福就像水果一樣，等待被品嚐與評判。但我認為，就算幸福像水果，也需要幫助它好好的成長。這個道理放在婚姻或所有人與人之間的交往上尤為適切；這些事情不是生來被品嚐或忍受的，而是該去栽培的。樹蔭會受到天候與風向的影響，使底下乘涼的人感到舒適與否，可是社會不是樹蔭，正好相反，它是奇蹟會發生的地方，因為巫師可以在社會中呼風喚雨。

人人都會為自己的生意與事業竭盡全力，但誰也不會努力在家裡製造歡樂。我已經多次提到禮貌，而它仍有說不盡的好處。我從不認為禮貌是一種謊言，且僅適用在陌生人身上；我反而認為，愈是真摯與珍貴的情感，也就愈缺少不了禮貌。當商人叫人「滾遠點」，他認為自己真心這麼想，然而這只是激情的陷阱。日常生活裡所初步觸及的表象往往是有誤的。我睜開惺忪睡眼直接望見的景象都是不切實的，而我所必須做的就是判斷、評估，並把事物逐一放回到它和我之間恰當的距離裡。不管我們第一眼看到的是什麼，那總是夢的一個碎片，而這些零散的夢不過是毫無判斷力的短暫清醒而已。既然如此，我又如何去相信自己在這些初步、粗淺的情感下所做的判斷呢？

56 尚．德．拉布魯耶（Jean de La Bruy de, 1645-1696），法國哲學家、作家，著有《品格論》（*Les Caractères ou les Moeurs de ce siècle*）。

黑格爾（Hegel）[57]說：「原初的靈魂或自然的靈魂，總是被悒鬱包覆，如同滿負重擔。」這是個很深刻的思想。當反思無法使人振作時，這就是一步錯棋，質問自己通常無法得到滿意的回答。思想反諸求己的時候，只會引發煩悶、憂愁、焦慮、急躁等感覺。你若不信，可以嘗試看看。光是問自己：「我該讀什麼書來打發時間才好？」你便已呵欠連連了，應該直接找書來看就好。倘若不把願望化作意志，它很快就會消褪。這些說法尤其適合拿來打臉心理學家。他們要求每個人興致高昂地把自己的思想當作草木或貝殼般的物件來研究，可是思考涉及的是意志的問題。

在公共場域如工廠、生意場所等，每個人都隨時保持神清氣爽與自制，然而同樣情形並沒有發生在私生活中，大家都耽溺在自己的情感裡。他們睡得很香，整個家庭卻處於半夢半醒之間，每件事都可能一觸即發。在這種氛圍下，最友善的人也往往不得不採取一種過度虛偽的態度。值得一提的是，人們似乎以意志力去拚命壓抑某些情感，其實我們更應該做的是像體操選手做運動一樣，藉由意志力盡力轉化那些情感。把壞脾氣、憂愁、煩悶當作像刮風、下雨一樣的既定事實其實只是一種錯誤的、最粗淺的想法。簡單來說，真正的禮貌會把人的感受蘊含其中。人們理應保持尊重、樸實和公正的態度。底下這個例子很值得省思。克制一時衝動的激情去使正義得以伸張，這絕非是詐騙，而是毫無偽善的正直本身。那麼，為什麼不同樣克制衝動地回到愛情上呢？愛情不是天生的，欲望也不會永恆存在，可是真實的情感可以被經營。打牌的時候，人們不會因為一時的急躁或無聊而亂出牌，一如誰也不會一時興起地在琴鍵上亂按一通。音樂可能是所有例證裡最好的一種，因為它就是意志力的展現。就算是唱歌，也需要先有意願去唱，而後才能從歌唱中感受到天賦神賜，如同神學家有時描述的那樣。即使他們其實並不清楚自己在說什麼。

57 格奧爾格・威廉・弗里德里希・黑格爾（Georg Wilhelm Friedrich Hegel, 1770-1831），德國哲學家。

37

伴侶

Le couple

脾氣就只是衝動而已，
一旦無處可發作，
我們也就感覺不到這個衝動，
而它也就不存在了。

1912.12.14

從羅曼・羅蘭（Romain Rolland）[58]的經典作品會發現出於自然的原因，世上少有美滿的家庭。順著這個邏輯去考慮他筆下的人物，以及在現實生活中碰到的真人實例，就會發現男女之間的差異特質，往往會使他們不知所以、莫名其妙地相互敵對。女性很情緒化、男性很好動，這個區別經常被提及，卻很少被解釋。

情緒化和多情並非同一回事。情緒化指的是思想與生命根源之間有比正常情況更為緊密的聯繫，而這個緊密的聯繫不分男女，可以從所有的病人身上觀察得到；這個特質通常在女性身上比較明顯，因為她們肩負懷孕、哺乳等與此相關的自然主導功能。這些自然所分配的工作使她們變得情緒化，是出於生理狀態的影響，然而從效果上來看，卻往往使人認為這是胡思亂想、毫無邏輯與冥頑不靈。這其實一點都不矯揉造作，但需要一種鮮少人有的、深遠的智慧，才能指出如此陰晴不定的性情的真正原因。而一旦了解真正的原因，便能改變我們的想法。就像我因為覺得累而提不起勁出門散步，我的疲累就會去找一個讓我可以待在家裡的理由。人們經常以為女性羞於啟齒而掩蓋事情的真實原因，我認為這大抵是她們並不清楚真正的原因為何，只是放任、順其自然地轉而用靈魂的語言來表達身體所發生的事。戀愛中的人對於這種事情總是束手無策。

58 羅曼・羅蘭（Romain Rolland, 1866-1944），法國作家。

而男人只能透過他的行動才能被理解。他生來就是為了打獵、建造、發明和試煉，只要脫離了這些工作，他就會開始煩悶，只是他從來不明白這兩者之間的關聯。因此，他總是想盡辦法讓自己處於行動當中，透過意志來控制行動的強弱。他從政治活動或經營事業裡獲得生機，而這樣的天性使然，也同樣被女性當作是矯揉造作。從巴爾札克（Balzac）[59]的《兩個年輕新娘的回憶錄》（*les Mémoires de deux jeunes mariées*）和托爾斯泰（Tolstoï）[60]的《安娜・卡列妮娜》（*Anna Karénine*）都可以觀察到這樣兩性危機的精闢分析。

我認為公共生活是治療這種疾病的處方。原因有兩個。首先，與家庭和朋友之間的交往能在家庭裡建立起禮貌的關係，這對於掩藏所有一時衝動的情感是絕對必要的，因為我們平常能發洩情緒的機會已經太多了。是掩藏，你沒理解錯。脾氣就只是衝動而已，一旦無處可發作，我們也就感覺不到這個衝動，而它也就不存在了。所以相愛的時候，禮貌遠比脾氣來得真實。其次，政治生活使男人有事可忙，而不是為了向愛人獻殷勤，以致強迫自己什麼都不做地光守著對方。無所事事絕非男人的本性，這樣一來，他也就難得會有好興致。這就是為什麼如果一個家庭太過與世隔絕，僅以愛情相互餵養，那總是令人擔憂的。好比一艘空無一物的小舟航行在水面上，總會過輕、過晃而容易翻覆。反省的智慧對這件事沒有多大的益處，唯有社群才能挽回情感。

59 奧諾雷・巴爾扎克（Honoré Balzac 1799-1850），法國現實主義小說家。

60 列夫・尼古拉耶維奇・托爾斯泰（Lev Nikolaïevitch Tolstoï, 1828-1910），俄國現實主義小說家。

38

煩悶

L'ennui

只要一閒下來，人們就會開始想起他所恐懼或後悔的某些事。思想算不上是一種絕對有益身心的活動，一般人常常只是鑽牛角尖而已。

1909.1.29

當一個男人沒有什麼東西可以建構或破壞時，他就會感到很不幸；而女人，我指的是那些忙於打扮與照料嬰兒的婦女，絕對沒辦法明白為何男人喜歡去咖啡館打牌。只與自己相處、只想著自己的人，對生活一點幫助都沒有。

在歌德的傑作《威廉．邁斯特》（*Wilhelm Meister*）中，有個叫「放棄社」的組織，組織規定成員不能去想未來或者過去。如果能被遵守的話，這會是一個很好的守則。不過，要讓守則能被遵循，就得讓雙手和雙眼忙碌得停不下來，感知並且行動，便是個有效的處方。相反地，只要一閒下來，人就會開始想起他所恐懼或後悔的某些事。思想算不上是一種絕對有益身心的活動，一般人常常只是鑽牛角尖而已。因此，偉大的尚－雅克（Jean-Jacques）[61]寫下這樣的句子：「沉思的人類是墮落的動物。」

必須執行的任務使我們無法耽溺於沉思裡，這招通常有效。幾乎人人都有份職業可忙，這樣很好。但我們還欠缺一點小工藝，用它來打發工作之餘的時間。我經常羨慕那些婦女，她們的手裡隨時都有縫補或刺繡的活要忙。她們的眼光總是尾隨著最現實的事物，因此那些過去或未來的念頭只會像閃電一樣，在她們的腦海中一閃而逝。然而，在聚會場合裡，男人只是消磨時間、無所事事，就像被關進瓶子裡的蒼蠅一樣，只能停不

61 作者指的是尚－雅克．盧梭（Jean-Jacques Rousseau, 1712-1778），法國啟蒙時代思想家。

下來地嗡嗡作響。

我以為讓正常人害怕失眠的唯一理由是那時候的想像力會特別活躍，但是卻沒有一個真正可以專注去想的具體對象。一個人十點上床，他想著睡神降臨，卻輾轉反側到半夜都沒能入睡。同一個人、同樣的時間，如果他在劇院裡，肯定看戲看得渾然忘我。

這些反思讓我們明白到，富人為何用各式各樣的事來填滿他們的生活。他們在自己非常緊湊的行程裡塞入無數個任務與工作。他們每天要見十個人，從音樂廳趕往劇院，更熱血的就安排打獵、打仗或探險。有些駕著車，迫不及待地訂下每個能把身體往飛機裡塞的約會。他們隨時都需要新的行動和新的感受。他們想要活在世界之中，而非與自己面面相覷。如同巨大的乳齒象嚼掉整座森林一樣，他們用眼睛吃下整個世界；方法少的人就去打架，弄得一身傷。這些運動使他們回到眼前的現實事物當中，讓他們感到很快活。戰爭可能是首先被拿來對抗煩悶的處方，這個說法可以這麼來解釋。那些最能夠接受戰爭的人，姑且不論他們是否樂意打仗，但他們往往是戰爭裡蒙受最大損失的人。害怕死亡是一種杞人憂天，而當真的有事發生的時候，無論是多麼危險的遭遇，怕死的念頭都會被一掃而空。戰場無疑是人們最少想到死亡的幾個場域之一。如此，便衍生出這樣的悖論：「生命愈充實，就愈不怕失去它。」

39

速度
Vitesse

那些只要火車慢速就會不耐煩的旅客，他們在出發前或抵達後會願意花上十五分鐘，向人解釋這輛列車能夠比別種車提早十五分鐘抵達目的地。

1908.7.2

我看過西向列車的新式火車頭，它比起其他車種要來得更長、更高，造型也更流線。它內在的機械構造精細地宛如手表裡的零件，正式上路時幾乎不發出噪音；車上的每一件設計都是有功用的，而且都為了同一個目的服務。蒸汽半點不漏地把火力轉變成動力送往活塞，我可以想見這顆火車頭靈活地啟動、速度均勻、不顛不簸，它拖著沉重的列車箱，每分鐘可以跑兩公里。而龐大的煤水車足以說明它要消耗掉多少的燃料。

造出這樣一個車頭，要投注多少知識、多少張設計圖、多少次試驗、多少下槌打與銼磨？所有這些努力是為了什麼？為了讓從巴黎市到勒阿弗爾市[62]的旅途能也許縮短個十五分鐘。這些快樂的旅客拿這以極昂貴代價所省下來的十五分鐘來做什麼呢？許多人把多出來的時間在月台上等候到點開車；其他人在咖啡館裡多待上十五分鐘，把報紙看得徹底到連啟事欄也不放過。這麼做的好處在哪？誰得到好處了呢？

怪的是，那些只要火車慢速就會不耐煩的旅客，他們在出發前或抵達後會願意花上十五分鐘，向人解釋這輛列車能夠比別種車提早十五分鐘抵達目的地。每個人每天浪費至少十五分鐘來強調這種速度的意義，不然就是去打牌或者做白日夢。那麼，為什麼不願意在火車車箱裡消磨呢？

62 勒阿弗爾市（Le Havre），位在法國北部諾曼第地區的第二大城市，因為處於塞納河河口，靠英吉利海峽，故有「巴黎外港」之稱。

沒有比待在車箱裡更舒坦的了，我指的是快車。那座位的舒適度遠勝於任何沙發。從偌大的車窗往外望，可以欣賞沿途行經的河流、山巒起伏、小鎮與城市；旅客的目光隨路而行，可見公路上的車輛與河面上的船隊，還能把每個地區所攤展的豐富樣貌盡收眼底，既有小麥與黑麥田，也有甜菜田與糖廠，跟著是美麗的樹林、大片的草地、牛馬成群與描繪地層剖面的絕壁。就像是一本你可以輕鬆翻閱的地理畫冊，並且會隨著時間、季節逐日變化。今日看見山巒背面的烏雲密布和載草車急忙趕路，他日則是割稻者在一片金黃中工作，空氣在太陽底下顫動。還有什麼景色能與此相提並論？

然而，旅客卻埋首讀報，努力讓自己專注於報上那些劣質印製的版畫，不時地掏出懷表來看時間、打呵欠、開開關關他的行李。甫到站，就忙著僱街車，狂奔像是家中著火了似的。晚上，他的人已經出現在戲院裡了；他欣賞著那些畫在紙板上的樹、假的庄稼、假的鐘樓，聆聽著假扮成庄稼漢的演員們高歌。然後，他會一邊搓揉著被狹小包廂擠疼的膝蓋，一邊說：「這些割稻者唱走音了；不過，布景還不差。」

40

賭博

Le jeu

在規勸人去尋求

安穩、有保障的平凡生活時，

人們往往說得不夠清楚，

他們沒提到那樣的生活

需要很多的智慧才能承受得起。

1913.11.1

有人說，「我同情那個獨身卻金錢無虞的人，他沒有任何不安需要安撫，任何一點小病或上了年紀就讓他不舒坦，因為他滿腦子只想著自己。一個家庭裡的父親總有煩惱不完的事與還不完的債務，即使表面上看來如此，他卻遠比上述的另一種人快活，因為他沒空閒去憂慮自己的消化是不是有問題。」這就是一個可以欠上幾筆小款的理由，或者能安慰負債者的理由。

在規勸人去尋求安穩、有保障的平凡生活時，人們往往說得不夠清楚，他們沒提到那樣的生活需要很多的智慧才能承受得起。蔑視榮華富貴，從表面上看起來很容易，但真正的困難在於，視榮華富貴為無物的人，如何在毫無物欲、平淡無奇的生活裡不會無聊至死。野心家總在追逐某件事情，因為他認為自己會找到最稀有的幸福，然而使他幸福的真正原因在於保持忙碌。所以，即使某個挫折使他陷入不幸，他仍舊不改其樂，因為他會從打擊中找到補救之道；而真正有效的補救就是去找挽救的方法。需求應該像個帝國一樣被攤開，讓它見光並且列入優先考慮，這麼做遠比硬往肚裡吞來得好。

好賭在某種程度上算是實踐了一種純粹的、毫不遮掩的冒險需求，因為賭徒毫無安全感，而這也正是他沉迷此道之因。真正的賭徒不熱中於那種可以仰賴注意力、細心與技巧來彌補壞運氣的賭博，而是喜歡類似俄羅斯輪盤的那種賭博；在這種賭局裡所需要的僅是等待和冒險，這才讓賭徒無可自拔。就某種意義而言，這像是在玩火，他隨時都想著：「如果我想的話，下一把可能會讓我破產。」這就像在進行一場非常危險的探險，唯一不同的是，只要放下賭博的執念，便能毫髮無損地回到家中。正是這種處於擦槍走火的危機邊緣，才使得賭博如此吸引人；因為這完全是自願的，人們自己想去涉險。而這種掌控的力量使人愉快。

無疑地，戰爭也具備賭博的某種成分；煩躁的人就會想發動戰爭。證據就是，最無事可忙、無牽掛的人最好戰。倘若人們很清楚這些緣故，就不容易被那些漂亮的口號所蒙蔽。遊手好閒的富人狀似理直氣壯地說：「我的生活過得安逸；如果我拿血肉之軀去求險，如果我全心全力地發起這些恐怖的危難，那麼這必然是出於一個不得已的理由或一個不容逃避的必須性。」當然不是。他只是窮極無聊而已。若是他必須從早到晚地工作，他就不至於這樣閒得發慌。因此，貧富不均最大的壞處就在於使很多人吃飽了沒事幹；然後，這些人便開始滋生恐懼或令人發火的事端，以供他們忙活。這些奢侈的情感於是成為窮人背上最沉重的負擔。

41

希望

Espérance

一旦物質生活開始無虞，
幸福也不會因此垂手可得。
當一個人不再需要為自己擔憂，
煩悶就會開始作祟，等著控制他了。

1921.10.3

一場火災使我聯想到保險。這個女神遠不如幸運女神那樣討喜，她讓人害怕，而人們只用寒酸的供品敷衍她。然而這是可以理解的，因為保險的好處總是伴隨著一種厄運同時出現。最大的好處當然就是家裡沒著火，可是這種好處即是日常生活，人們對此毫無感覺，如同人不會特別感覺到自己的四肢一樣。付保險費去購買這種消極的幸福，感覺有點像是白花錢。大企業總是爽快地繳交保險費，像支付任何款項一樣毫無猶豫；不過，我也很同情這些大老闆，他們其實搞不清楚自己這樣每天是賺還是賠。想必他們開公司的真正趣味，主要是能對雇員指手畫腳吧。

那些有宏願卻沒錢的人不會喜歡保險。一個預防破產而保險的商人能成什麼樣子？這其實很簡單，只要商人們能把自己賺超過正常營業額的錢都繳出來充公，如此一來，從總體經濟來看，每家連鎖店鋪都算有營利。合夥的商人們就像公務員一樣，享有退休金和固定薪資的保障；只要他們願意，他們也可以有醫療、手術、照護等公費保障，或用公費支付蜜月與休假旅行。這麼做十分明智，從理論的層面來看也很吸引人。不過可別忘了，一旦物質生活開始無虞，即使真的如此，幸福也不會垂手可得。當一個人不再需要為自己擔憂，煩悶就會開始作祟，等著控制他了。

彩票女神或古人所謂盲目的幸運女神，卻相當受人歡迎。一夕致富的可能引發無窮大的希望，相形之下，不中彩的損失遂顯得微不足道。人們覺得保險公司像是挑明了說：「進門者，請拋棄一切希望。」可是每個懷抱希望的商人都想好好地大幹一票，因為經營事業不僅是出於一種野心，而野心說白了就是虛榮而已，一種不知倦怠的開創力。這股力量帶起所有的行動，也為所有的工作帶來光亮與歡愉。頂著牛奶罐在頭上的佩雷特（Perrette）沒想著休息，而是工作，牛犢、母牛、豬、雛雞都等著她去照顧。[63]每個人都在日常工作裡找到一些他願意投入的新工作。在雜草叢生的荊棘地上，是靠著希望才打破藩籬，並使我們想見井然有序的菜畦與花圃。而保險卻使得人故步自封。

好賭也有可欽佩之處。這樣的人是在挑戰一種純粹的風險，而且這樣的風險是他自找的、自己發明的。有一種免費保險可以對抗這種賭博的危險，那就是不賭而已。然而只要有點空閒，幾乎人人都會去打牌或擲骰子，希望和恐懼就像分不開的孿生姊妹一樣讓人喜愛。可能用好運贏錢遠比用技巧贏錢更值得驕傲，「祝賀」一詞正是此意，人們只會祝賀別人的成功，而不會祝賀他的努力。古人認為好運氣來自神的賞賜，現在的人擺脫了信仰，卻仍相信運氣。假使人不是生來如此，公平主義者的正義早就一統世界，因為沒人會阻攔。不過，人根本不愛毫無阻礙。凱撒（César）[64]正因著人們的野心才獲得統治權，這就是我們戴上王冠的希望。

63 作者指的是拉封丹（Jean de la Fontaine, 1621-1695）的寓言詩：〈賣牛奶的少女和牛奶罐的故事〉。佩雷特頭頂著牛奶罐去市集賣牛奶，沿途想著要用賣牛奶的錢換得雞蛋，接著孵小雞，再養雞去換豬，並用豬去換母牛與小牛。

64 尤利烏斯・凱撒（Jules César, 100 BC – 44 BC），羅馬共和國的軍事統率。

42

採取行動

Agir

眾人皆知，比起坐以待斃，
士兵更擅於邀戰；
人寧願是自己一手促成的命運，
也不願命運被時間所決定。

1911.4.3

賽跑的選手很辛苦，球類的運動員很辛苦，拳擊手很辛苦。書上都說人追求享樂，可是看起來不像；還不如說，人自找苦吃，樂於吃苦。第歐根尼（Diogène）[65]說：「辛勞為天下最美之事。」有人把這解釋為苦中作樂，但其實只是換句話說而已。正確來說，辛勞是為找到幸福而非享樂。享樂與幸福是兩件非常不同的事情，就像奴隸與自由的區別。

人寧願採取行動，也不願默默承受。那些吃苦的人絕不會喜歡被強塞的工作；誰都不喜歡被強迫的工作，不喜歡意料外的倒楣差事，不喜歡必須做什麼的感覺。但是，我不會不喜歡自己選擇的辛苦。我寫作這些觀點，靠搖筆桿維生的作家們會說：「真是個勞力活」，可是沒人強迫我，這種自願的工作就像是在享受，或者更正確來說，這是一種幸福。拳擊手不會喜歡無端挨揍，但他喜歡練拳時的互擊。只要戰鬥的成敗操之在我們自己手上，那麼，沒有什麼比經歷辛苦後所獲得的勝利更加令人痛快的。說白了，人們只愛力量。赫拉克勒斯尋找怪物，並將牠們逐一打敗，他透過這種方式證明了自己的力量；可是只要他一陷入愛情，他就會感覺到享樂的力量使他為奴。其實所有的人都是這樣的，這便是為什麼享樂最終使人變得憂愁。

65 錫諾普的第歐根尼（Diogenes of Sinope, ? – 323 BC），古希臘哲學家，為強調清心寡欲的犬儒學派（l'école cynique）代表。傳言第歐根尼住在木桶裡；有次亞歷山大前去拜訪，詢問他有什麼需要，只見第歐根尼回答說：「我希望你不要遮住我的陽光。」可參見本書第44篇。

小氣鬼吝於種種享樂，但是他征服了享樂的欲望又積蓄了力量，這為他帶來強烈的幸福感，而這是他自我要求的結果。那些因為繼承而致富的人如果也很吝嗇的話，那麼他就是一個憂愁的小氣鬼。所有的幸福都根本的富含詩意，而詩意指的就是行動。誰也不愛自己送上門來的幸福，而想要製造幸福。兒童根本不在乎我們的花園用幾坏沙、幾根花莖，他要自己建造一個美麗的花園。一個不自己動手的收藏家，你想會是什麼樣子？

我相當程度的認為，戰爭使人愉快的原因在於人們可以控制戰局。人一旦武裝起來，就好像取得了某種顯眼的自由；此時，就算是參謀長也未必能強迫士兵去打仗。然而，士兵們馬上會覺察到他們新得到的自由，他們嘗到了甜頭，並走入了一種新的生活。正常人都會害怕死亡，久而久之，他開始等死、受死。但是一個朝死亡迎面走去的人，或者某種程度上可說是關起門找死亡單挑，他會覺得自己比死亡還要強大。眾人皆知，比起坐以待斃，士兵更擅於邀戰；人寧願是自己一手促成的命運，也不願命運被時間所決定。因此，從戰爭裡所誕生的詩意使人們甚至不恨自己的敵人，這種對自由的陶醉足以用來解釋戰爭與所有的激情。瘟疫的流傳是被迫的，而戰爭就像遊戲一樣，是自己發明的。這就是為什麼光靠謹慎似乎難以維持和平，人們愛好正義，才會甘於和平。而這是因為正義很難做到，它的困難遠勝過造橋或修築隧道，正因如此，也唯獨如此，和平才會存在。

43

行動者

Hommes d'action

人們常好奇小偷或歹徒的內心風景；
我猜他們什麼都沒想，
因為他們總忙著跟監或睡覺。
他們全副精力都擺在警戒周遭上頭，
這也是為什麼
他們從未想過懲罰或其他的問題。

1910.2.21

依我來看，警察局長是天底下最快活的人。何以見得呢？他總是在行動，總是在應付新的、未能預期的情況，一下子滅火、一下子防洪，有時是土石流、有時是屋倒，還有泥沙淤積、空污、疾病、貧窮，統統都歸他管；他經常要抑制群情激憤，偶爾是防範狂歡失控。就這樣，這個快活的人生命裡的每一刻，都在面臨著一個具體的問題，並且採取一個具體的行動來回應。因此，他不需要思考標準程序，不需要照本宣科，不需要準備譴責或安撫的官方報告；他把這些都留給官僚們。他只負責見機行事。而一旦打開知覺與行動這兩個開閥，人心就像根輕飄飄的羽毛，隨生命之河載沉載浮。

遊戲的祕密正在於此。玩橋牌時，人的生命從知覺流向行動。這在踢足球時尤其明顯。隨著一個新的、未預期的訊息，迅速地組織出一個行動，然後即刻執行，這造就了一個充實的生活。人生如此，夫復何求？又還有什麼好擔憂的呢？時間耗盡了遺憾。人們常好奇小偷或歹徒的內心風景；我猜他們什麼都沒想，因為他們總忙著跟監或睡覺。他們全副精力都擺在警戒周遭上頭，這也是為什麼他們從未想過懲罰或其他的問題。這具又聾又瞎的機器真的很可怕。然而，眾人皆是如此，行動泯滅良知。這種不假思索的暴力就像樵夫砍柴的情況一樣；這種暴力在政治家的手段中相對較為隱晦，但在政治運作的後果裡卻往往清晰可見。就像人們通常比較能夠接受一個冷酷無感、像根斧頭般的人物，同時也會是一個嚴以律己的人那樣，力量往往毫無憐憫，即使對象是自己也一樣。

為什麼會有戰爭呢？因為人類全心投入行動當中。他們的思想猶如輕軌上的燈，一經車子發動，便跟著調暗光線；我指的是他們的反思能力。這就是行動的驚人力量。它證明自己的方式，就是按熄人們內心的燈。是行動化解了人的種種惡劣的激情，那些從反省當中滋生出來的，諸如悒鬱、厭世、陰謀、偽善、仇恨、濫情與挑剔的惡習。可是，在行動的過程中，正義也會同時被它所消滅。警察局長應付暴動的方式，就像他對付水災或火災的方式一樣，而鬧事者也按熄了他心中的燈。他們的內心都如同一片漆黑的蠻荒地。這就是為什麼存在著殘虐的拷問官和逼供的法官。這就是為什麼存在著被鏈在長凳上、終日划槳直到筋疲力竭而死在座位上的苦役犯，以及鞭打他們的人。揮動鞭子的人，心裡只想著鞭子。無論是哪種野蠻的形式，一旦形成了，就會持續下去。警察局長是天底下最快活的人；這句話並不意謂著他是最有用的人。無所事事雖是所有惡習的溫床，然而這同一張床，卻也培育了所有的美德。

44

第歐根尼

Diogène

每種職業讓人熱中的程度，
取決於人們能自己作主的比重；
而讓人厭煩的程度，
則取決於人們必須受控制的多寡。

1922.11.30

人的快活來自於有意願和發明。這件事從牌局就能看出端倪。每個人的臉上都清楚寫著思慮與決策的運作；馬尼拉牌局（manille）[66]裡造就了不少個凱薩，與許多隨時準備決定是否要渡過盧比肯河（passages de Rubicon）[67]的選擇。甚至就賭博的風險而言，賭徒也能全權決定自己是否要涉險；有時無論多冒險，他都決定下注，有時無論看似多有勝算，他卻放棄賭局。他就是他自己的主宰，一切操之於己。欲望和恐懼在日常瑣事上，往往會左右人們的想法，然而在賭博這件事情上，卻全然失效給不出任何建議，因為賭博的不可預測性。因此，賭博是傲慢的激情。那些按規矩贏錢的人不會明白打巴卡拉牌（baccara）[68]的樂趣，但如果他們去嘗試，至少能片刻體會到對權力的陶醉。

66 一種以撲克牌中的十點為最大（王牌）的紙牌遊戲。

67 盧比肯河（Rubicon）在古羅馬時代是高盧與義大利的分界線。「渡過盧比肯河」（passages de Rubicon）意指「破斧沉舟」。典故出自凱薩與龐貝（Gnaeus Pompeius）之間的大戰。根據當時羅馬共和國的法律，任何將領都不得私自帶領軍隊跨越其所派駐的行省，進入義大利本土，否則就會被視為是叛變。這條法律確保了羅馬共和國不會遭到來自內部的攻擊。西元前四九年，凱薩違反了這條法律，率領他的高盧部眾渡過盧比肯河進入義大利境內，和龐貝展開大戰，並獲得最終的勝利。然而，此項舉動無疑是宣告了他的叛國行徑，因此「渡過盧比肯河」便被用來形容人痛下決心、破斧沉舟而無退路的境地。凱薩在此行之前曾經非常猶豫，而留下另一句名言：「骰子已經擲下」（*Alea iacta est*），一八九七年法國詩人馬拉美（Stéphane Mallarmé）取此言之意，寫出他最負盛名的作品之一《骰子一擲，未曾取消偶然》（*un coup de dés jamais n'abolira le hasard*）。而渡過盧比河的決心、骰子、以凱薩為模型的撲克牌老K，這些關於賭注的元素，都是阿蘭在論述賭博時以凱薩為例之因。

每種職業讓人熱中的程度，取決於人們能自己作主的比重；而讓人厭煩的程度，則取決於人們必須受控制的多寡。輕軌司機不如公車司機那麼幸福。單獨且自由的狩獵很痛快，因為獵人可以自行擬定計畫，執行或改變計畫。他既不需要向人匯報，也不需要說明情況。相形之下，在幫忙圍捕獵物的助手面前，他殺死獵物所能得到的快樂就會減少許多；老練的槍手很享受於自己能克制興奮和驚嚇的這種權力。因此，說人好逸惡勞，此言差矣。人對於平白無故所得到的快樂不感興趣，他喜歡自己爭取快樂；他喜歡採取行動和征服勝過一切，而不樂於什麼都不做或默默忍受；比起無須動手的快樂，他寧願選擇勞其筋骨的行動。悖論大師第歐根尼曾說過，辛勞是好事；他指的是自己選擇的、自願的辛勞，因為誰都不喜歡被強迫勞動。

登山者開發了自己的潛能，也向自己證明了他的力量；他同時感受並思考怎麼使用這份力量，如此無上的喜悅點亮了他周遭的雪景。然而，那些搭乘電纜車直奔往著名山頂的人，他們不會看見與登山者所見到的相同的太陽。所以說我們被快樂的遠景所騙，這話一點也不假。不過，它以兩種不同的方式蒙蔽了我們：不勞而穫的快樂遠不如預期的那樣快樂；相反地，掙來的快樂遠比想像中更加痛快。運動員自我鍛鍊，以便能從比賽中獲取獎賞；然而，透過不斷地求進步與戰勝困難，他獲得了另一個獎賞，那是發自內心且操之在己的。這是懶人所無法想像的，他只看見辛勞和前一種獎賞，以致三心二意下不了決心。運動員已經起身勞動了，昨日的鍛鍊激勵他奮起，他的意志和力量也隨即為他帶來新的歡愉，所以不動不舒服。但是懶人不明白，也無法明白這個道理；或者該說，就算聽人這麼說，或回想起這回事，他也難以置信。這就是為什麼計算快樂永遠算不準，而且馬上會感到無聊起來。人這種會思考的動物，只要一開始無聊，就離發怒不遠了。不過我認為，為奴的無聊比當主人的無聊還輕鬆一點。奴僕的工作即便再單調，那總歸還是一種行動，仍然可以控制，或有些許的自由發揮；有別於此，主人只能領受坐享其成的快樂，他也自然而然會變得凶惡。因此，富人往往出於憂傷與彆扭而去使喚人；勞動者會意志動搖，因為他比自己所以為的更快樂。人都在自找苦吃。

68 歐式以三人為單位的紙牌遊戲。

45

利己主義者
L'égoïste

利己主義者由於一個誤判
而錯失對人的宿命的繼承。
除非看見近在眼前的歡愉，
否則他連一根手指頭都不願意動。

1913.2.5

如同奧古斯特．孔德（Auguste Comte）[69]所指出的，西方宗教的錯誤之一，就是認定人永遠是利己的且無法改變的，除非得到神的救贖。這個觀念毒害一切，甚至影響到獻身的意義。這件事導致無論是在最平庸的觀點或最獨樹一格的想法中，都會有人跳出來支持底下這種奇怪的看法，那就是自我犧牲者終究是在自我滿足而已。就像「有人喜歡戰爭，有人喜歡正義，而我喜歡喝酒」。而這就是把無政府主義者和神學家相提並論，把起義對等於受辱，把所有事都混為一談。

事實上，應當想到人往往喜愛行動勝過於享樂，就像年輕人所表現出來的貪玩一樣。因為在一場球賽裡，如果少了推擠、拳打腳踢，還有賽後的瘀青跟繃帶，它還能剩下些什麼呢？所有這些過程都被熱烈地追逐著，所有這些過程都被回憶所牢記，人們一想起就心馳神往，腳底發癢得想跑起來。這種不拘小節的驍勇氣度使人暢快，甚至無所謂於挨揍、受苦和疲憊。應當也可以想想戰爭的例子。戰爭之所以成為讓人喜愛的遊戲，那是因為它所彰顯出來的驍勇往往更勝於殘酷。而戰爭裡的那些相對不入眼的醜態，往往是戰前準備的苦勞役和戰後修復的苦差事。總而言之，戰爭的混亂來自於那些最優秀的人已戰死沙場，而那些牆頭草則趁勢而起的奪權、踐踏正義。然而，

69 奧古斯特．孔德（Isidore Marie Auguste François Xavier Comte, 1798–1857），法國哲學家、社會學家，實證主義（positivisme）創始者。

直覺的判斷在此卻二度失靈；勇者如戴胡萊德（Déroulède）[70]，他對於自己的受騙絲毫不以為忤。

這些證據都值得再三斟酌。利己主義者的嘲弄於事無補，因為他認為驍勇的感受遠不及享樂與痛苦的估算來得重要。天主教徒、才子帕斯卡曾寫過這樣一段話：「愚蠢如你們，熱愛榮耀，而且是為他人的榮耀！」這番暗指「我們是為了流芳百世才慷慨就義」的言論，只是看似深刻而已。同樣的，他也嘲笑過獵人寧可費盡千辛萬苦去逮到一隻兔子，也不肯接受牠白白送上門來。神學的偏見得要夠根深柢固，才能蒙蔽住某些人的眼睛，使他們看不清。其實人熱愛行動更甚於享樂，熱愛規範、充滿紀律的行動更勝於任何其他行動，而正義的行動更是遠勝過於一切。當然，人能從中得到無與倫比的快樂，可是就此以為行動是為了追求快樂卻是錯誤的。因為快樂是伴隨行動而生。愛情所帶來的種種歡愉使人忘卻必須先快樂才能擁有愛情。這就是馬與狗的神[71]，也就是大地之子——人類的本性。

相反地，利己主義者由於一個誤判而錯失對人的宿命的繼承。除非看見近在眼前的歡愉，否則他連一根手指頭都不願意動。然而，這種計算歡愉的方式總是會遺漏掉真正的快樂，因為真正的快樂需要人們先付出辛勞。這就是為什麼在利己主義者慎重的計算裡，總是優先考慮避免痛苦；對痛苦的恐懼總是大於他對此懷抱希望。最後，利己主義者只會歸結出誰也無法從病、老、死裡逃出。而對我來說，他的絕望剛好證明了他對自己的不甚了解。

70 保羅．戴胡萊德（Paul Déroulède, 1846–1914）法國作家、政治家。普法戰爭之後，他所領導的愛國聯盟大力鼓吹復仇。

71 黑格爾曾在一篇關於現象學的文章裡提到，亞當被神賦予為動物命名的權力，而成為動物們的主宰。參見《一八〇三－一八〇四文集》（*Système de 1803-1804*）。

46

無聊至極的國王

Le roi s'ennuie

生活過得有點艱辛，
道路走得不盡平順，這是好事。
我同情那些國王，
他們的欲望只需要用想的就能夠成真；
假使世界上真有神，
祂們應該會有點精神耗弱。

1908.1.22

生活過得有點艱辛，道路走得不盡平順，這是好事。我同情那些國王，他們的欲望只需要用想的就能夠成真；假使世界上真有神，祂們應該會有點精神耗弱。傳說在古時候，祂們會化身為旅人前往凡間叩門。無疑地，祂們想要藉由去感覺飢餓、口渴和愛的激情來尋回些許的幸福。只是，一旦祂們不經意地思及自己的力量，就會想起這一切不過是一場遊戲；只要祂們想，就可以刪除時空，進而結束自己的欲望。這導致祂們覺得很無趣，可能從那時起，祂們就讓自己上吊或淹死，或者像睡美人那樣長睡不醒。幸福無疑地總是需要一些焦慮、一些激情、一點點能提醒自己還活著的小小痛苦。

比起財富所帶來的幸福，人們往往能從想像中得到更多的幸福。這是因為一旦握有財富，並把它等同於幸福，他們就會坐下來休息，而不再繼續追逐幸福。富裕有兩種，一種讓人覺得無聊，因為它光讓人乾坐著休息，什麼也不幹；而另一種讓人愉快的財富，它就像是得到夢寐以求的土地的農人，有一大堆的計畫和工作迫不及待地要去實現。人們喜歡力量，並非靜止的力量，而是行動中的力量。什麼都不做的人什麼也不愛。給他送上門來的現成幸福，他會像沒胃口的病人一樣掉頭就走。而比起聽音樂，誰不更樂於自己演奏音樂呢？人們喜歡挑戰困難。每當有阻礙擋住去路，人們總會更加熱血沸騰。誰想要一個不勞而穫的奧林匹克賽桂冠？沒人想要。如果完全沒有輸掉的風險，誰還會想打牌？從前有一個老國王，他老是和他的朝臣們打牌。但他只要一輸牌，就會翻臉，每個朝臣都對此心知肚明得很。久而久之，朝臣裡人人都學會該怎麼出牌，而老國王就再也不會輸牌了。不過，他也從此不再打牌。他起身跳上馬背，改去打獵。然而，這是皇家狩獵，獵物們會自己前來送死；小鹿和朝臣一樣會討老國王歡心。

我認識不少個國王。他們都是小國之君，統治著他們各自的家庭。他們備受疼愛、迎合、寵溺和無微不至的照顧。他們連欲望的時間都不需要，那些關愛的眼神就會自動讀出他們腦子裡的想法。不過，這些小小的朱庇特（Jupiter）[72]無論如何還是會大發雷霆、刁難，想出種種任性的要求，和一月的太陽一樣變幻莫測，他們想盡辦法地要求，從無聊變成荒腔走板的人。而如果神祇們還沒無聊至死的話，希望祂們別讓你成為這般乏味小國的君王；希望祂們把你指往崎嶇的山道；希望祂們讓你騎上一匹安達魯西亞（Andalousie）[73]特產的上等騾子。這種騾子的雙眼像井一樣深，額頭像鍛鐵台一樣平坦，牠會走著走著猛然停住，只因為牠在路上，被自己雙耳的影子給嚇住。

72 古羅馬神話中的眾神之王，掌管雷電。與古希臘神話的宙斯相對應。

73 位在西班牙南方，西班牙的十七個自治區之一。

47

亞里斯多德

Aristote

人們常說自己總是錯過幸福。

對於免費的幸福而言，此話不假，

因為免費的幸福根本不存在。

而人們自己創造的幸福，

從不會讓人失望。

1924.9.15

愉快的根源來自於積極的去做，而非消極的承受。但是，因為人們只消把糖放進嘴裡，什麼都不做等糖融化，就能得到小小的歡愉，使得許多人便想依樣畫葫蘆地品嘗幸福，最後卻無不感到失望。倘若人們只是聽音樂而不自己歌唱，那麼從音樂中所能得到的歡愉也就有限。有個聰明人說，他用喉嚨欣賞音樂，而不是用耳朵。同樣地，觀賞美麗的畫作也是一種靜態的歡愉，而假使人們不自己去畫畫，也不自己去造出一整個系列的創作，這往往不足以讓人忘卻一切的煩憂。不要僅止於欣賞，而是要起身去追求、去得到。去戲院裡當觀眾的人會比他想像的更容易感到無聊。想要避免無聊，就得要開創或至少要表演，而表演也算是一種創造。大家都還記得社交場合裡的那些餘興節目，每個表演者都玩得興高采烈。我還記得自己專注於準備木偶戲表演的那幾個星期有多開心；要強調的是，我自己用小刀把樹根雕刻成木偶劇裡的一個個人物，像是老婦人、天真的少女、軍官、放高利貸者，然後再請人為這些木偶裁製衣服。我不曉得觀眾會有什麼樣的想法，他們當然有權評論，只是這種透過評論所獲得的快樂的程度有限。不過，如果批評者能創造點什麼，他們還是能從中獲得一些樂趣。打牌的人不斷發明新招數，並且因此改變牌局裡的那些僵固套路。別去問一個不會玩遊戲的人是否喜歡遊戲。政治一點也不無聊，只要人們懂得它的遊戲規則。不過，遊戲規則是需要學習的。而天下的事情無非就是如此，快樂需要學習。

人們常說自己總是錯過幸福。對於免費的幸福而言，此話不假，因為免費的幸福根本不存在。而人們自己創造的幸福，從不會讓人失望。因為幸福就是學習，而人們永遠在學習。人們知道的愈多，就愈能去學習。當拉丁文專家很快樂，因為學海無涯，而學得愈深，得到的快樂愈大。當音樂家的快樂也是如此。亞里斯多德曾經一針見血地指出，能在音樂中自得其樂的人是真正的音樂家，而能在政治中自得其樂的人是真正的政治家。他說，「快樂是力量的標誌。」這句話使我們擺脫了教條，並以追求絕對價值的方式銘記於心；而如果人們想理解這位曠世奇才，這位生命中曾歷經過無數次的無效攻擊的天才，那麼，就應當從這句話著手。真正進步的標誌是懂得從行動中獲得樂趣。這使得人們明白工作是唯一美妙的事情，並且有了它就足以使人生富足。我指的是自願的工作，它既是力量的泉源也是結果。讓我再次強調，不要消極承受，而是要積極採取行動。

大家都見過建築工人如何利用閒暇時間為自己蓋一間小屋。應該去看看他們是怎麼挑選每塊石頭的。所有的工作中都有類似的樂趣，因為職人總在開創與學習。然而，若是失去了對這種價值的追尋，機械式的工作只會導致無趣。當職人無法參與創造，而只能一再重複相同的工作，不能擁有他工作的成果，並且以此去學習更多的東西時，便會在社會中造成很大的動盪。相反地，依循時序漸進而作，且每一個勞作都是使下一個勞作順遂的保證，這便是農人的幸福。我指的是擁有自主權，並為自己耕作的農夫。然而，由於有人抱持著能獲得免費幸福的錯誤想法，這使得需要用辛勞換來的幸福引人非議。如同第歐根尼所說，天下最美之事莫過於辛勞；假使人們不能從這個矛盾中取得真正的理解，則無法獲得真正的快樂。而倘若反省這個矛盾也是一種辛勞，那麼人們就能從中獲取快樂。

48

農人的快樂

Heureux d'agriculteur

工作既是最好也是最壞的事。

假使工作是自由的，那它便是最好的；

假使是奴役的，那它便是最壞的。

1922.8.28

工作既是最好也是最壞的事。假使工作是自由的，那它便是最好的；假使是奴役的，那它便是最壞的。我所謂自由的工作指的是，由工作者按照他的專業知識和經驗所自行規畫的工作，如同木匠造一扇門。不過，假使他做的這扇門是給他自己用的，那麼又另當別論了。因為這是一個可以延續到未來的經驗；他可以看見自己所選擇的木料是如何經受成為門的考驗，而他的眼神會因為找到一條他預料中會出現的裂縫而雀躍。別忘了智力的作用若不發揮在製門上，就會發作在製造種種觸動自己激情的事情上。一個人若能親眼目睹自己工作的成果，並且接續往下做，而且除了工作對象之外，他沒別的主人的話，那麼他就是快活的。而從工作中所領悟的一切道理，他也一定會牢記在心。倘若人們造了自己用來航行的船，那麼他們會獲得更大的快樂。船舵的每項操作都會喚起回憶，讓他們回想起在造船時的每個瑣碎的細節。偶爾，在郊區會看見職人用他所找來的材料和工作閒暇逐步蓋起自己的房子，就算是宮殿也無法給出與此等量的幸福。還有，一個王子真正的幸福在於指使人按照他的計畫蓋宮殿；然而，能親自在自己的門上安上門閂的幸福卻遠勝於此。辛勞因此製造歡愉。與其聽命行事、從事單調的工作，每個人都會更喜歡去從事能開創且盡情投入的艱困工作。最糟的工作就是有長官會一直跑來打斷跟干擾的工作。打雜的女傭是最不幸的工作，人們一會兒要她切菜，一會兒又派她去擦地板。而她們之中最幹練的女僕，會從她們的工作中抓住主導權，並從中為自己創造一種幸福。因此，一旦人們能在自己的土地上耕作，務農便是最愉快的工作了。人們能從工作的結果中看見願景，從工作的開端想到工作的延續，比起金錢的營收，人們更常感受到的是自己如何持續不斷地改變土地本身的樣貌。開著貨車，自在地行駛在自己親手鋪上碎石子的道路上，那是一種無與倫比的快樂。如果能確保一直在同一片山坡上耕作，人們可以不計較收成的多寡。這就是為什麼在固定土地上勞動的佃農，他所受到奴役的程度會比其他佃農要來得少。只要被奴役者有權安排自己的勞動，並且能確定工作會得到延續的時程，任何奴役都會是可被忍受的。遵循著這樣的法則，就能輕易地得到極優質的服務，甚至能以別人的勞動維生。只不過主人往往會覺得無聊，便開始沉迷於賭博或追著歌伶跑。一個社會秩序的破壞，總是因為太無聊和由此所衍生的瘋狂行為。

現代人與哥特人（Goths）、法蘭克人（Francs）、阿勒曼人（Alamans）或其他專門掠奪的部落之間，其實差別不大。只是現代人一點都不覺得無聊。如果他們能按照自己的意願從早到晚工作，就根本不會無聊。這就是為什麼當大部分的人都務農的時候，無聊感會像眨睫毛一樣無感。但確實，生產線的工作不會得到與農業活動相同的好處。必須把工業和農業結合起來，像是把葡萄與榆樹結合起來一樣。所有的工廠都應該開設在鄉下；每一家工廠都該有一片能受到良好光照的田產，以供耕作。這種新一代的薩朗特（Salente）[74]把焦躁的人心轉化為沉穩。這一類的嘗試不也常常可以在鐵路扳道工的小花圃裡看見嗎？盛開在交通繁忙的鐵軌道旁的鮮花，它執拗的程度從不亞於從石板細縫中所長出的野草。

74 原為古義大利的一個城市。法國作家弗朗索瓦・芬乃倫（François de Salignac de la Mothe-Fénelon，1651–1715）在《忒勒馬科斯歷險記》（*Les Aventures de Tac de la*）裡，把薩朗特城描述成一個理想國度，從此它便成為「烏托邦」的代名詞。

49

勞動

Travaux

有些教育專家教出來的孩子終生懶散，他們所有的時間都被學習給排得滿滿的，因此養成做事拖拖拉拉的習慣。

1911.11.6

杜斯妥也夫斯基（Dostoïevski）[75]的《死屋手記》（*Souvenirs de la maison des morts*）為我們揭開了苦役犯真實的心理活動；他們所有奢侈的偽善，如果可以這樣形容偽善的話，統統被剝除掉了，即便還保留一些必須存在的偽善，人之為人的本性卻免不了偶爾會暴露出來。

苦役犯服勞役，而他們的勞動往往毫無用處。例如，在一個木材毫無匱乏之處，以囤積木料為由，強迫苦役犯去拆除一艘舊船。苦役犯當然也知道這一點，所以當他們日復一日地重複這項毫無意義的工作時，總是毫無幹勁、滿臉愁容、笨手笨腳的。不過，假使他們被賦予一項必須當日完成的任務，一項既艱鉅又困難的任務，他們會立刻變得機智、聰敏與興高采烈。而假使這又是一個真正有用處的工作，像是鏟雪，他們就會加倍的有幹勁。該去讀一讀那些讓人震撼的篇章，那些毫無加油添醋的真實描述。人們會發現有用的工作本身就是一種快樂，這種快樂來自於工作本身，而非從中獲得的好處。舉例來說，苦役犯敏捷且歡快地從事某件規定的工作，由於完工後便得以歇息，或者想到可以多休息半小時，促使他們願意奮起、齊心協力地趕工。而一旦開始付諸實行，趕工的要求本身就使他們覺得快活。從萌生這種念頭到實際執行、從意願到開始行動，這之間的快樂遠勝於他們原先所預期會得到的休息時間，因為那半小時仍只是在牢獄裡渡

75 費奧多爾．米哈伊洛維奇．杜斯妥也夫斯基（Fiodor Mikhaïlovitch Dostoïevski, 1821–1881），俄國作家。

過的半小時。而我認為，若這半小時的休憩還稱得上愉快，那也是他們拿這段時間來回憶方才工作的十萬火急與緊繃。人類最大的愉快莫過於與人合作，共同完成一項艱鉅且可隨意操縱的工作，遊戲就是對此最好的證明。

有些教育專家教出來的孩子終生懶散，他們所有的時間都被學習給排得滿滿的，因此養成做事拖拖拉拉的習慣。這也意謂著工作成效不彰，導致在工作期間始終帶著無法消除的倦怠感。相反地，如果能把工作和疲憊劃分開來，兩種都會令人覺得舒服。倦怠地工作，就像人們只是為了活動筋骨和呼吸新鮮空氣而去散步。散步途中總是疲憊不堪，然一旦進了家門，便不再感到疲倦。當忙碌於一件辛苦的工作時，人們反倒會忘記疲勞、靈活地工作著。等到終於完工之後，人們可以徹底地鬆懈下來，以睡個好覺來結束這一天。

50

作品 Œuvre

懶人會說：「我將來會去做」，
而腳踏實地的人該說：
「我正在做。」行動孕育著未來。

1922.11.29

一個著手進行的作品，比作品動機要來得強。有些合作的動機點子很不錯，然而人們可能會花上一輩子的時間去反覆討論它，卻從未真正展開合作。不過，持續滋長的合作信念會促使創作者更努力去做。在所有作品裡，那些尚待完成的部分、那些等著被堆砌的石塊堆，都是讓人們持續朝著完成作品而努力的重要理由。誰能從先前的工作裡看見自己意志力的痕跡，他便是快樂的。

常言道，人人都在追求財富；不過我認為，人們是明擺著這個合理的目標當前，卻遲遲不去動手。他們毫無想像力，以至於無法專心致志把作品從無到有創造出來。而這就是為什麼我們明知有許多好作品，卻從來沒有一件是出自自己之手。想像蒙蔽我們的方式不只一種，但主要是因為我們把它所營造的熱血沸騰的激動，當作是未來的預兆。然而這種激動就只是激動而已，它不指向或前往任何他處。激動總是眼下的，計畫才是朝向未來。因此，懶人會說：「我將來會去做」，而腳踏實地的人該說：「我正在做。」行動孕育著未來。未來是不可預測的，作品也是如此。我們會發現作品的未來樣貌與我們原先所設想的不同，而且往往比預期的更加動人。問題是，誰也不相信這件事，而且空想家會反覆宣稱他們的計畫要比別人所完成的作品更加感動人心。

不過，請看看那些忙碌且愉快的人吧。他們忙於一項已經著手進行的作品，像是一間正在擴充規模的雜貨店，或是郵票收藏。眾人皆知，只要開始去做，沒有一件事會是毫無意義的。這些人受夠了想像，並且飢渴地到處嗅察他們各自有待完成的石子堆和有待拓展的作品。一件刺繡在剛開始下針的時候，一點也不討喜，不過隨著繡出的部分的增加，便更加強我們想要去完成它的欲望。這就是為什麼信念是首要美德，而希望只排名第二。必須不抱希望地埋頭去做，而隨著與日俱增的進展，希望便會自行前來。只有作品才能催生出真正的計畫。我絕不相信米開朗基羅在開始作畫以前，腦海裡已有通盤的計畫與畫面，因為他在不得不開始作畫時，曾說：「不過我不是幹這行的。」不過他還是著手進行，而那些畫面也隨之逐一浮現。這才是繪畫，我指的是發現自己正在做什麼。

俗話說得好，幸福如同影子般與我們錯身。我們確實永遠得不到想像中的幸福。真材實料的幸福完全無法被想像，或者，它也不是想像的。它從來是實實在在的，而誰也無法為它勾勒出外邊的形象。如同作家都知道的那樣，題材無好壞之分；我甚至可以更進一步地說，面對令人著迷的主題才需要更加小心，更快地去接近、投入題材當中，才能掃除不切實際的想法，並從中建立信念、植入希望。也就是大破大立。由此，人們才能夠明白小說和做為題材的真實歷險之間竟有如此巨大的差異。畫家們，別光只是耽溺在模特兒的微笑裡。

51

眺望遠方

Regarde au loin

對於悒鬱的人，
我只有一言相勸：
「眺望遠方。」

1911.5.15

面對悒鬱的人，我只有一言相勸：「眺望遠方。」幾乎所有的悒鬱者都是讀太多書的人。人的眼睛並不是為了閱讀——這種近距離所設計的，眼睛需要在寬廣的空間裡才能得到休息。當你仰望星空或眺望海域盡頭時，眼睛便能完全放鬆。假使眼睛能得到放鬆，大腦就會跟著自由，你的步伐也會更穩健；如此一來，全身上下的臟器也會跟著放鬆、靈活運轉。不過，不必試圖用意志去強制放鬆。你的意志使你專注，而使用意志需要全神貫注，注意力全副集中，最後只會讓自己更緊繃，適得其反。別老想著你自己，去眺望遠方。

悒鬱確確實實是一種病。偶爾醫生能猜出病因，開出處方。然而，服藥之後要注意對身體的副作用，還要擔心飲食的調和，這種接二連三的緊繃往往抵消了吃藥的作用。這就是為什麼如果是個高明的醫生，他就會讓你去找哲學家。可是，你在哲學家那裡又能找到什麼呢？一個讀了太多書、思想得了近視眼[76]，因而比你還要憂鬱的人。

國家應該像開辦醫院一樣，設立智慧學院。作用是什麼呢？這個智慧學院專門傳授真正的知識，而真正的知識是優遊於萬物之間的冥思，領悟與世界同樣博大的詩意。我們眼睛的構造需要在廣大的視域裡才能獲得休息，這件事教會我們一個重大的真理。那

76 近視眼（myope），也用來暗喻目光短淺者。

就是思想必須解放身體，並把身體還諸於宇宙當中，因為宇宙是我們真正的故鄉。我們之為人的宿命和我們身體的功能有很深的關聯。動物只要周遭沒有任何打擾，就會躺下來睡覺，但是人卻在思考。若是個會思考的動物，那還真是不幸。因為這會倍增他的痛苦和需求，讓他在恐懼和希望之間來回拉扯。這些透過想像的催化，都會使他的身體處於時而緊繃、時而激動，時而放鬆、時而畏縮的不停忙碌之中，總是提心吊膽，總在提防周遭的人與事。假使他想擺脫這樣的狀態，他就去看書。書本仍舊是一個封閉的宇宙，而且離眼睛太近，也離他的激情太近。思想成為一個牢籠，而身體正為此受苦。思想變得狹隘或身體的自殘，其實都是在說同一件事。就像野心家重複無數次的演說，或戀人們重複無數次的祈願。然而，如果真為身體好，便應該放縱思想去旅行與冥思。

知識能帶領我們前往上述的境界，若是這個知識並非為了野心、多言、急躁，若是這個知識能使我們離開書本，能引領我們的目光到千里之外。而這種知識應當是感知與旅行。一旦你從事物間領悟到真實的關係，事物就會把你引領往另一件事物，引領向成千上萬個事物；這些如河川般湍急的關係會把你的思想帶向風、帶往雲，直至星體之間。真正的智慧不會著眼於近處的細枝末節，因為智慧是去領悟牽一髮動全身的道理。天底下沒有任何東西是獨善其身的，所以，好的運動使我們遠離自己。這對我們的身體和眼睛都有益處。如此一來，你的思想可以在這個宇宙當中得到休息。而整個宇宙才是思想的領域，思想透過與你身體的生命相互呼應，並通往萬事萬物。當基督徒說：「我的故鄉在天上」，他並不知道自己在無意間，竟說中了真理——眺望遠方。

52

旅行 Voyage

隨著人們學會如何更好地觀看世界，
再平凡無奇的景色也蘊藏著無窮的趣味。
無論在哪裡，人們都可以抬頭仰望星空，
而這就是一個看不盡的美景。

1906.8.29

現在是假期旺季，世界各地到處都有人從一個地方趕往另一個地方；想當然耳，他們是想利用很少的時間，去見識很多事物。倘若是為了增加聊天的材料，那是最好不過了，因為能講得出來的地名愈多，就愈好打發時間。不過，如果旅行是為了他們自己，為了真正的增廣見聞，那麼我就搞不懂了。只是走馬看花的話，其實到處都長得差不多。一個山澗，它永遠就只是一個山澗。所以，那些快速環遊世界的人，一趟下來並不會比他出發之前增添多少回憶。

世界的多采多姿來自於它的細節。觀看，這指的是關注每個小細節，目光到處佇留，而後再整體看過一遍。我不清楚是否有人可以很快速的這麼做，然後轉向下一個對象，再整個重新來過一遍。至於我，我肯定辦不到。那些住在盧昂（Rouen）[77]的人可樂了，他們每天都可以朝著一件美麗的東西望上一眼，盡情地觀賞聖端教堂（Saint-Ouen）[78]，就像是欣賞掛在家裡的畫一樣。

相反地，如果一口氣逛完一整座博物館或一個旅遊景點，事後所留下的記憶大概都免不了一片模糊，而對當地所勾勒出來的形象，往往是線條雜亂、灰撲撲的樣子。

77 位於法國北部，諾曼第大區的首府，也是中世紀歐洲最繁榮的地方之一。一四三一年，聖女貞德（Jeanne d'Arc）在此殉難。

78 十四世紀的修道院，為歌德式建築。

我比較喜歡一次前進一到兩公尺的旅行，不時停下來觀看同一件物體從新的角度所呈現的新的樣貌。我也常常坐在道路的左側或右側，從這些角度來看，世界的樣子又全都改變了。這種旅行的方式比起我一次移動一百公里所能學到的更多。

倘若我僅是從這個山澗跳到下一個山澗，我所看到的永遠是同樣的山澗。不過，假使我從一塊岩石走到另一塊岩石，我的每個步伐都在改變同一個山澗，使它呈顯層出不窮的不同樣貌。假使我重看已經見過的事物，我確實能從當中獲得更多感受，如同新的一樣，而從這個角度來看，它也確實成為一種新的東西。因此，重點在於慎選一個豐饒的景色，以免因為習慣而變得無動於衷。或者應該說，隨著人們學會如何更好地觀看世界，再平凡無奇的景色也蘊藏著無窮的趣味。無論在哪裡，人們都可以抬頭仰望星空，而這就是一個看不盡的美景。

53

尖刀舞

La danse des poignards

過去和未來只存在於我們的思考當中。
它們是看法，而非事實。
我們很努力地去製造一些
對過去的遺憾和對未來的恐懼來折磨自己。

1908.4.17

眾人皆知斯多噶學派哲學家們的精神威力。他們研究仇恨、嫉妒、恐懼、絕望的各種激情，並窮究其原理，這使得他們可以像車夫駕馭馬匹一樣的控制激情。

在他們的諸多推論之中，有個道理我很喜歡，也不只一次讓我覺得受用無比，那就是對於過去和未來的看法。按照他們的說法：「我們只需要承擔現在。無論過去或未來都無法把我們壓垮，因為它們一個已不復存在了，而另一個則尚未存在。」

這話說得很對。過去和未來只存在於我們的思考當中。它們是看法，而非事實。我們很努力地去製造一些對過去的遺憾和對未來的恐懼來折磨自己。我曾見過一個雜技藝人，他拿出為數不少的尖刀，一邊把它們逐一往上堆疊，一邊保持平衡，就像他的前額上長出一棵嚇人的尖刀樹。而我們不斷地堆疊、承受自己的遺憾和恐懼，這種行為跟那涉險的藝人並無二致。與其僅承擔一分鐘，我們選擇承擔一小時；與其僅背負一小時，我們選擇背負一整天、十天、幾個月、幾年。一個患有腿疾的人想著他昨日腳上所受的苦，想著他一直以來所受的苦，還想到明日也得繼續這樣受苦，他想著這樣痛苦的一生唉聲嘆氣。智慧在這裡顯然幫不上什麼忙，因為無論如何都不可能消除得了眼前的痛苦。然而，若此處所涉及的是一種心靈上的痛苦，那麼當人們再也不去遺憾過去和設想未來，這樣的痛苦還會剩下多少？

有個失戀的人在床上輾轉反側、難以入眠，滿腦子都在構思那些殘酷的復仇計畫。

假使他不再回首過去與瞻望未來，他的悲傷又會剩下多少呢？被一個挫折咬囓著心的野心家，若非再三地回想過去的不順遂和幻想未來的波折，他又能上哪兒去找他的痛苦呢？老想著過去或未來，就像神話裡推巨石的薛西弗斯（Sisyphe）[79]，永無止盡地受苦。

我想對所有以這種方式折磨自己的人說：想想現在，想想你那不斷從這一分鐘延續到下一分鐘的生命，想想每一分鐘都會跟著前一分鐘而來。這意謂著你能像你現在所是的樣子活著，因為你正活著呢。而你會說，未來使你害怕。其實你不知所云。未來的事從來不會是你所預料的那樣。至於你此刻的受苦，正因為它如此的強烈，可想而知，它必然會慢慢消褪。一切都在變化，一切都會過去的。這句格言常使我們覺得哀傷，幸好它至少偶爾也能發揮安慰我們的作用。

79 希臘神話中，艾菲拉（Ephyra，今希臘柯林斯城〔Corinthe〕）的國王。他矇騙死神又激怒冥王，因此被判必須將一塊巨石推上陡峭的高山。每次當他用盡全力快要把巨石推到山頂時，石頭就會從手中滑脫，於是他又得重新推石上山，做著永無止境的勞役。這個神話用來隱喻「永無止盡且徒勞無功的勞動」。

54

大放厥辭

Déclamation

做一個不幸的人毫不困難，
難的是成為一個快樂的人。
但切莫因此而不去嘗試。
俗諺道：「世上所有美麗的事情都是困難的。」

1911.9.29

在路上偶爾會遇見形削骨立的人正在曬太陽，或者正要走回家。這種極度衰敗與臨近死亡的景象，往往會讓人第一時間在心中產生一股難以言喻的恐怖感，繼而倉皇走避，心裡嘀咕著：「都只剩個人形了，怎麼還沒死呢？」然而，就算只剩人形，他也還熱愛生命；他向太陽取暖，不願死去。我們難以想像。反省往往在此處栽了跟斗，覺得不舒坦、被激怒，而一下子迸出另外一種壞的想法。

有一次我遇見類似的情景，正當我試圖用審慎的言詞去理出一條能妥善理解的思想道路時，我見到身邊的朋友眼冒地獄般的火光、渾身顫抖著，只為迫不及待大發謬論。他不加思索地說：「世界真悲慘。健康的人害怕疾病和死亡，他們盡其所能地逃避，卻無法減少分毫恐懼，而是完完整整地經受恐懼。看看這些病號，他們本該期待死亡，以解脫身上的痛苦，可是完全不是這麼回事，他們拖延死期，讓飽受疾病折磨的身體繼續被死亡的恐懼所折磨。或許你會想，生命都落到這般惡劣的田地了，怎麼還會怕死呢？可是你瞧，人們是可能同時憎恨死亡與痛苦的；而這就是我們每個人的下場。」

他覺得自己講得頭頭是道。如果我願意，我也可以和他抱持著相同的想法。做一個不幸的人毫不困難，難的是成為一個快樂的人。但切莫因此而不去嘗試。俗諺道：「世上所有美麗的事情都是困難的。」

我朋友的這番描繪地獄景象的說辭狀似合理，其實是用一種錯待事物的眼光把我給蒙蔽了。我曾數度向自己證明，自己在某個當下處於無可救藥的不幸深淵裡。但這是為了什麼呢？為了一個女人的眼神，然而她的眼神可能只是因為光線太強了，或者太累了，抑或剛好有朵雲飄過而顯得黯淡。只消些許無趣的想法、焦慮的心情，或者根據別人的言談或臉色讓我深信他們對我不以為然，都會讓我感到陷入不幸之中。我們每個人都曾有過這種莫名其妙發神經的經驗，一年過後，自己回想起來也會覺得好笑。這讓我覺得，只要我們的思路受到眼淚、接踵而來的哭泣、胃腸、心臟、暴力的舉止、肌肉無益的收縮等的影響，激情就會誤導我們做出錯誤的判斷。天真的人每次都會上當；但我知道這只是一時的壞念頭，我可以迅速地平復心情，我只要別像那位朋友那樣大放厥辭，就一定辦得到。我很清楚自己的聲音對我的影響；所以我要平心靜氣的跟自己說話，而不是用一種悲劇性的口吻。上述就是關於語氣的問題。我也很清楚疾病和死亡是平常且自然的事，而與之對抗是錯誤且非人的想法。我認為一個人性且真實的想法，應當總是能以某種方式，去配合人之為人的條件與萬事萬物的變遷。而這就已經是一個說服自己別盲目地怨天尤人的充分理由。抱怨滋生怒火，怒火又衍生新的抱怨。這形成了一種地獄般的循環，而我自己就是惡魔，手拿著惡魔叉把自己往地獄裡送。

55

抱怨

Jérémiades

快樂毫無威望，
它是年輕人的心境，
而憂愁卻位居高位，
並且被過度的尊重。

1912.1.4

新年復始，這意思是說，太陽又要再度爬升至它的最高處，並且往下墜到它最深處的這個起點。我祝福你，再也別說或想著世界會愈來愈糟。抱怨「人貪財好利、愛享樂、無責任感、年輕人缺乏教養、偷竊、犯罪駭人聽聞、人欲橫流，又天時不正導致冬行春令」，這種類似的責難從人類社會形成的那天起便已存在。它不過意謂著：「無論是我的腸胃或興致都不再是我當年二十出頭的那個樣子了。」

倘若這只是抒發感受的一種方式，人們可以忍受這樣的言論，如同忍受病人的憂愁一般。然而，語言本身擁有極大的力量；它誇張、放大了憂愁，像件外套披蓋在任何事物之上，並從而導果為因，就像孩子將同學化妝成獅子或熊之後，卻開始害怕對方一樣。

很明顯地，若一個生性憂愁的人把自己的屋子弄得像追思堂，他住在裡頭只會愈顯憂鬱，因為那裡的每樣東西都叫他黯然神傷。我們的念頭也會有類似的情形。因為一時的使性子，我們把每個人都當壞人，擺爛公共事務，而這個亂搞的結果最後會反過來使我們對社會感到絕望。絕頂聰明的人往往最容易使自己上當，因為他們的大放厥辭往往似是而非。

最糟的是，這種毛病是會傳染的，就像是精神上的霍亂。我認識一些人，當著他們的面，誰都不能說從整體而言，公務員比過去來得更廉潔、勤快。那些隨激情起舞的人往往神態自若地侃侃而談，令人動容的誠懇使他們成為全場矚目的焦點。這種時候，誰要是想站出來說句公道話，誰就會被當作傻蛋或惡作劇的傢伙。抱怨變成一種規矩，猶如社交禮節的一環。

昨日，一位掛毯商為了寒暄而天真地說：「季節全都打亂了。誰會相信現在是冬天？幾乎和夏天沒兩樣，誰也弄不清這是怎麼回事。」他明明跟其他人一樣，都覺得今年夏天出奇的熱，卻偏偏要這樣抱怨冬天。不過，人云亦云更勝於事實。而且，你也別太信任這個正在嘲笑商人的你自己。因為並非所有的事實都像一九一一那美麗盛夏的回憶那樣[80]，叫人記憶猶新。

我的結論是：快樂毫無威望，它是年輕人的心境，而憂愁卻位居高位，並且被過度的尊重。因此我認為應當要抗拒憂愁。不只是快樂是件好事，縱使這個理由已經足夠，更是出於必須公正的緣故。因為憂愁總是滔滔不絕，總是強辭奪理，總是不願被公正地看待。

80 該年夏天，歐洲發生自一八五一年以來最驚人的熱浪，從七月五日持續至九月十三日。七月二十三、二十四日，里昂與波爾多的溫度高達攝氏三十八度。巴黎的八月期間，有整整十四天氣溫皆超過攝氏三十度。

56

激情的雄辯

L'éloquence des passions

這般衝動的激情會導致我誤判情事，
我不過是個幫自己念台詞的悲劇演員。
一旦意識到這點，
你會發現由於缺乏觀眾，
劇場的燈也會跟著熄滅。

1913.5.14

激情的雄辯幾乎總是能把我們說服。此處指的是，想像力會根據我們身體的各種狀況，不管是振作或疲憊、興奮或沮喪，投射出各種憂愁、開心、輝煌或淒涼的幻覺。這使得我們自然而然地去痛斥周遭的人或物，而不去尋找或改變問題的真正源頭，這些源頭經常只是很小的、無關緊要的事情。

此時適逢考季，許多應試生挑燈夜戰，這既讓眼睛疲勞，又會導致頭疼。這些小毛病靠著好好睡上一覺，往往就能輕易痊癒。不過，天真的應試生不這麼想。他首先會注意到自己學習的進度不夠快、觀念不清楚，而作者們的思想老是賴在書頁上，不肯進到他的腦袋裡。然後，他開始為試題的困難度發愁，懷疑自己的能力，心灰意懶地回顧過去，發現或者一廂情願地認定自己過去從未做過什麼有用的事，百廢待舉，所學的知識無一不懵懵懂懂、亂無章法。他再往前想到未來，便想到學習是如此漫長，而時間卻短得遠遠不夠用。於是，他又雙手抱頭地拚命啃書，但其實他應該要上床睡覺了。他的痛苦使其對於治癒的方法視而不見，也正因為過勞，才會任由自己加倍用功。這種時候就需要斯多噶學派的深刻智慧，而這樣的智慧也透過笛卡兒和斯賓諾沙的論述得到進一步的發揮。永遠不要輕信想像的證據，而是要透過反省，從中推測出這是激情在施展它的雄辯術，並且拒絕受騙。如此一來，應試生絕大部分的痛苦便能不藥而癒。這是因為一點點的小頭痛和眼睛痠痛都尚可忍耐，這也不會持續太久；可是，絕望很恐怖，而且還會愈想愈恐怖。

這就是激情的陷阱。盛怒之人為自己主演了一齣精采的悲劇，生動且扣人心弦，他為自己羅列出敵人的所有過錯、狡計、精心安排、蔑視和對付他的下一招伎倆，他滿腔怒火地詮釋所有的情況，並且使得自己更加怒氣高張。他好比繪出復仇女神（Furies）的畫家，被自己面目猙獰的畫給嚇壞。就這樣，只是出於內心的風暴和肌肉的劇烈運動，也能把原本微不足道的原因，擴大成一場風暴般的憤怒。可想而知，若想要平息這樣的激動，就絕不能去回顧、逐條細審自己曾遭受到的凌辱、損害，並要求補償。因為此時所展現的神智清明，如同處於瘋狂之中的假性清醒。這種時候仍需透過反省，從中推測出這一定是激情又在施展它的雄辯術，並且拒絕受騙。與其說：「這個虛假的朋友壓根不把我放在眼裡」，不如說：「這般衝動的激情會導致我誤判情事，我不過是個幫自己念台詞的悲劇演員。」如此一來，你會發現由於缺乏觀眾，劇場的燈也會跟著熄滅。而原本金碧輝煌的布景不過是一片雜亂。這才是真正的智慧，避免濫情於不公正的有效武器。唉！我們往往受制於倫理學家對問題的指手畫腳，然而他們除了把人逼瘋，或者把自己的痛苦施加於人之外，什麼都不懂。

57

關於絕望

Du désespoir

思想給悲傷添上了翅膀，放任痛苦飛翔；
然而我的思想一旦能夠瞄準目標，
我會折斷這雙翅膀，
讓痛苦只能在地表匍匐前進，
再也無法擋住我的視線。
只不過，壞就壞在
我們總是情願讓痛苦乘風高飛。

1911.10.31

有人說：「一個無賴不會為了一點點小事就尋短。」一個正直者因為自覺喪失了名譽，便選擇自殺，並使得他認為會瞧不起自己的人，為了痛失他而流淚。這種事曾經有過，未來也會繼續發生。這樁慘劇會深深地銘刻在我們的記憶深處，而我想知道究竟是什麼原因，會讓一個通常懂得克制自己的激情，以理性和公正自我要求的人免不了被另外一些激情所攻陷，最後導致自己一敗塗地。我還想知道人該如何對抗絕望。

判斷情勢、提出難題、尋找答案、發現無解、無從著手，同樣的想法如旋轉木馬般原地打轉。你說，像這類的事情就能把人整慘，可見聰明才智也會傷害我們。不，完全不是這麼回事。應當打從一開始就避免犯下這種錯誤。人們有諸多想不通的問題，然而，這從來也不是個大問題。一個顧問、理財專員、法官可以斬釘截鐵地斷定某件事毫無希望，或者根本不下任何判斷，而他們照吃、照睡，絲毫不構成任何問題。我們在亂無頭緒的想法裡所受到的傷害，並非來自於這般混亂的想法本身，而是我們不願接受這種混亂，並且試圖抗爭。或者不妨說，這是因為我們希望事情不是它現在的樣子。我認為在所有的激情活動中，存在著一種對無可挽回的反抗。譬如說，某人為了愛人的愚蠢、愛慕虛榮、冷酷而感覺深受其苦，這是由於他執意希望她不是現在的性格。同樣地，當人們很清楚自己無可避免會破產時，激情讓他仍懷抱一絲希望，並且在某種程度上命令大腦反覆思索此事的來龍去脈，以便找到另一條能從這個免不了的結局裡岔出去的道路。

然而，路已走完，人們就站在道路所指向之處。在時間的道路上，人們既無法掉頭，也無法在同一條路上走過兩次。我堅信一個性格堅強的人，他會提醒自己身在何方、面對什麼樣的事實，以及什麼是無法挽回的，這使得他能夠離開此處，前往未來。要做到這點並不容易，必須透過小事來不斷自我訓練；否則，激情便猶如關在籠子裡的獅子，牠可以在欄杆前徘徊數小時之久，彷彿總是希望當牠在此處找不到出口時，是因為還沒有把另一邊找清楚的緣故。簡而言之，這種因為緬懷過去所造成的憂愁，不僅毫無益處，甚至有害。因為它會導致我們徒勞地去反省、尋找。斯賓諾沙說懊悔是第二次犯錯。

假使那憂愁的人曾讀過斯賓諾沙，他會說：「若我是憂愁的，我便無法總是保持快活；這和我的脾氣、疲勞程度、年紀和當時的天氣都有關。」敢情好。

請你這樣告訴自己，嚴肅的這麼說，把悲傷都趕回它們真正的原因之中。我認為這會像是雲被風所吹散般，為你驅除所有沉重的想法。大地滿載痛苦，可天空始終晴朗。因此，總還有勝算的。當你把憂愁趕進體內時，你的思想就彷若被好好地清理過了一般。或者你不妨這樣說，思想給悲傷添上了翅膀，放任痛苦飛翔；然而我的思想，一旦它能夠瞄準目標，我會折斷這雙翅膀，讓痛苦只能在地表匍匐前進。它總是在我的腳邊，卻再也無法擋住我的視線。只不過，壞就壞在我們總是情願讓痛苦乘風高飛。

58

關於憐憫

De la pitié

沒人喜歡被同情，
如果一個病人自己
沒讓一個健康的人覺得掃興，
那麼他便會由此得到鼓舞與安慰。
信心是一帖神效的萬靈丹。

1909.10.5

有一種善意，它使生活蒙上陰影，悲傷的善意被通稱為憐憫，它是人類的災難之一。應當看看一個善感的女人是怎麼跟一個削瘦、患有結核病的男人說話的。她雙目帶淚，說話的語調、內容全都在凸顯這是個病入膏肓的可憐人。然而他毫無怒意。他承受別人的同情，一如承受著自己的病。事情總是如此。每個人都來為他添上一點悲傷，每個人都對他重複著同一條曲調：「見到你的身體如此糟糕，真叫我心如刀割。」稍微有點理智的人懂得看緊自己的嘴巴，他們想給出鼓勵的話語：「加油，等好天氣一來，你就可以下床了。」不過臉上的表情卻跟嘴上所說的話有出入。悲歌總令人想哭。那怕是一點點的神色變化，病人也會察覺到的。而一個無意間發現的眼神，則勝過千言萬語。

那麼，該怎麼做才好呢？應當這麼做，不為病人感到憂傷。應當懷抱希望，只有自己懷抱希望時，才能把這份希望帶給別人。應當信賴人的本性，以光明的角度看待未來，並且相信生命將取得勝利。這樣做比我們想像中更加容易，因為這是天性。所有活著的東西皆相信生命將會勝利，否則它們馬上會死。生命的威力會讓你立即忘卻這是個可憐人，而這種生命的威力正是你應該帶給他的。實際上，不應過分地給予同情。這不是指要變得冷酷、無動於衷，而是展現一種開朗的友誼。沒人喜歡被同情。如果一個病人自己沒讓一個健康的人覺得掃興，那麼他便會由此得到鼓舞與安慰。信心是一帖神效的萬靈丹。

我們深受宗教的毒害。我們習於任由教士窺視人的弱點和痛苦，使他們拿各種訓誡對死者的一生一言蔽之，並且使活著的人引之為戒。我討厭這種殯葬儀式似的大言不慚。應當宣揚的是生命，而非死亡；應當傳播希望，而非恐懼；應當在人群中耕耘歡樂，這才是人類真正的寶藏。這既是偉大智慧的祕密，也會是明日的希望之光。激情使人憂傷，仇恨使人憂傷，而歡樂能掃除激情和仇恨。就讓我們開始告訴自己，憂傷從來不是什麼高貴、美麗或有用的東西。

59

他人的痛苦

Les maux d'autrui

愈是吃苦、受得了苦，愈能苦中作樂。

因為人們再也沒空去想

未來可能會發生的痛苦，

而是忙著處理眼前貨真價實的事件。

1910.3.23

我記得應該是拉羅希福可（Rochefoucauld）[81]曾寫過這麼一句話：「我們總有足夠的勇氣去承受他人的痛苦。」這個倫理學家所講的話肯定有幾分道理，但這句話只說對了一半。更值得注意的是，我們總能夠爆發出足夠的力量去承受我們自己的痛苦，並且最好如此。因為當事情落到我們肩頭時，我們得要好好扛住。人們要不一死了之，要不就得設法活下去；大部分的人會採取後一種做法。生命的威力讓人欽佩。

就像遭逢水災的人，他們努力適應新環境。他們不會在棧橋上害怕地呻吟，而是直接把腳踩上去。那些被安置在學校或其他公共場所的災民，他們想盡辦法讓自己住得舒適一點、吃得飽、睡得暖。那些上過戰場的人也會說類似的話。戰場上最大的痛苦不是戰事本身，而是腳在受凍。人們只盼望能升起一堆火，取取暖，就能讓人心滿意足了。

甚至可以這麼說，愈是吃苦、受得了苦，愈能苦中作樂。因為人們再也沒空去想未來可能會發生的痛苦，而是忙著處理眼前貨真價實的事件。魯濱遜[82]直到把自己的房子搭建起來之後，才有空閒想念故鄉。無疑地，這就是為什麼富人熱愛狩獵之因。在狩獵中所面臨的都是近在咫尺的痛苦，像是腳痛，或者觸手可及的歡愉，例如大口吃肉、大

81　法蘭索瓦．德．拉羅希福可（François VI, duc de La Rochefoucauld, 1613–1680），法國箴言作家。

82　英國作家丹尼爾．笛福（Daniel Defoe）於一七一九年問世的首部作品《魯濱遜漂流記》（*Robinson Crusoe*）。小說描述海難倖存者魯濱遜在一個偏僻荒涼的熱帶小島上生活了二十八年的故事。

口喝酒。行動帶動一切，讓事情一氣呵成地了結。能把全副精力都用來對付一件困難的工作的人快樂無比，而淨想著過去或未來的人很難快樂的起來。肩負世界重擔的人們只有兩種選擇，快樂的活著，或者但求一死。當人們憂心忡忡地馱著自己人生的重量時，所有的路途都顯得如此難行。人的過去和未來阻礙著前進。

總之，應當別老想著自己。有趣的是，往往是別人談論他們自己的時候，使我想到自己。一起行動總是件好事。然純粹為了說話、訴苦、埋怨而相聚聊天，這是世上的幾大災難之一，更別提那時人的表情會是多麼出奇的生動，並因此把一些陳年舊事的悲傷再度翻攪起來。只有在社交場合裡，我們才會老想著自己，因為在這種場合，人與人相互碰撞，以語言、眼神、友愛的心相互應答。一句抱怨會引來成千的抱怨，一個恐懼牽引著成千的恐懼。羊群跟著第一隻羊跑，這就是為什麼一顆敏感的心總是多少帶點憤世嫉俗，這就是友誼所應該隨時考慮到的事情。一個敏感的人因為害怕自己會影響到別人，而寧願孤身一人；把這樣的人稱作自私鬼是不公平的。一個難以忍受朋友臉上焦慮、憂傷、備受痛苦與折磨表情的人，也不該被說是鐵石心腸。人們會懷疑那些願意與他人的不幸為伍的人是否更在意他們自己的痛苦，或者他們有更大的勇氣去承受別人的痛苦，或者是更無情。這個倫理學家只是講了一句狡猾的話，他人的痛苦是很難去承受的。

60

安慰
Consolation

幸福和不幸都是不可能去想像的。
進一步來說，
人們可以擺脱掉不愉快的想法，
卻不清楚自己是怎麼辦到的。

1910.11.26

幸福和不幸都是不可能去想像的。更確切地來說，我所說的並非享樂，也不是痛苦，像風濕痛、牙痛或宗教審判之類的責罰。諸如此類的享樂或折磨，人們可以透過對其原因的認識，而產生關於這類事的觀念，因為它們都有一個相對應的結果。好比被熱水燙傷手、被汽車撞倒、被門夾到手，在所有這些類似的情況下，我大概可以估計一下自己痛苦的程度，或揣測當別人發生同樣情況時所可能感受到的痛苦。

然而，幸福與不幸並非各人看法不同的問題。對於這兩者，人們既無法預測，也無法想像，無論對象是別人或者自己。一切取決於思路，而思考卻往往不是人所能控制的。進一步來說，人們可以擺脫掉不愉快的想法，卻不清楚自己是怎麼辦到的。舉例來說，劇場透過強大的戲劇張力吸引我們全部的注意力，使我們無暇顧及其他。讓人專注的可能是很小的東西，一塊布景、一個大聲嚷嚷的人、一個假哭的女人；然而，這些裝腔作勢卻能勾引出你的眼淚，真正的眼淚，一個不甚高明的演技卻足以讓你在剎那間背負起所有人的痛苦。而下一刻，你又隨劇中人出門旅行，把剛才的煩惱拋到九霄雲外，悲傷和安慰就像小鳥般降落又飛走。人們為此感到羞赧，會像孟德斯鳩（Montesquieu）[83]一樣臉紅地說：「我只需要讀上一個小時的書，任何天大的悲傷都能忘掉。」而他說的是真

83 夏爾・德・塞孔達，孟德斯鳩男爵（Charles de Secondat, Baron de Montesquieu, 1689–1755），法國啟蒙時期思想家。

的，當人們認真閱讀時，就會完全沉浸在書本之中了。

被關在囚車裡，待赴刑場的人當然值得同情。不過，倘若他心裡掛記著別的事情，他待在囚車裡便不見得會比我現下待的環境來得痛苦多少。如果他數著拐彎和顛簸，他就會想著拐彎和顛簸；如果他試著去讀一張遠處的告示，在他生命的最後時刻，他就會一直想著這張告示。對於這個生命的最後時刻，我們又懂什麼呢？而即將要上斷頭台的他又懂什麼呢？

有個同學跟我講過他差點溺死的經過。他在船和碼頭之間不慎跌入水中，沉到船底下很長一段時間，人們把他救上來的時候，他已經毫無知覺了。可以說，他是死裡逃生。他回憶道，他掉進水裡時眼睛是張開的，他看見眼前漂動著一條繩索，他想著該去抓它，卻完全提不起勁。綠色的水與漂浮的繩索，這個畫面完全占據了他的思想。據他說，這就是他生命的最後時刻。

61

紀念死者

Le culte des morts

死者尚未完全死去，
這句話不難理解，因為我們仍舊活著。
死者想要活著，
它們想要在你身上活下去，
它們想要你的生命
一如它們所曾想望過那樣充滿富饒的耕耘。

1907.11.8

對死者的崇拜是個很美的習俗。亡靈節[84]的日子頒訂得很好，是在能由環境變化清楚感受到太陽遠離我們的時分。此時花朵枯萎，人們踩在鋪滿紅黃相間落葉的道路上，夜晚變得漫長，白晝像傍晚一樣慵懶，這一切都使人聯想到疲憊、休息、睡眠和過往。一年的盡頭猶如一日之暮、一生的末端。當未來只剩下夜晚與睡眠，思想自然而然會回顧過往，使人成為歷史學家。因此我們的思想與季節、習俗往往相互應和。在這樣的時節裡，人會想追悼亡靈並與它們說說話。

不過，該如何召喚亡靈？如何取悅它們呢？尤里西斯（Ulysse）[85]設宴款待它們；我們帶著花去探望它們。這些奉獻的舉動都是為了把我們的思想轉向它們，並且促使雙方開始對話。顯然人們要召喚的是亡靈的思想，而非它們的身軀。想當然耳，亡靈的思想就沉睡在我們的身體裡。然而，這不妨礙墳上的鮮花，花束、花圈自有其意。因為我們無法如己所願地思考，而我們的思路有很大程度必須仰賴所見、所聞及所觸。為自己製造某種景象，以便產生與此景象相應的想望，而這也是宗教儀式有其價值的原因。不過，儀式只是手段，而非目的。因此不該把上墳和望彌撒、誦經的人混為一談。

死者尚未完全死去，這句話不難理解，因為我們仍舊活著。死者仍會思考、說話、

84 法國以十一月二日做為亡靈節（la fête des morts）。

85 根據荷馬（Homère）的《奧德賽》（*Odyssée*），尤里西斯是希臘西部伊薩卡島之王。

回嘴，它們能給予建議、要求、讚賞與譴責。它們言之鑿鑿，應當被放在心上。而這一切都發生在我們的腦子裡，也該活用在我們自己身上。

你會說，敢情好，既然我們無法遺忘死者，也就用不著思念它們。想著自己，就如同想著它們。話雖如此，不過人們通常不會想到自己，真正地、嚴肅地想著自己。在我們眼裡，自己總是過於軟弱又太優柔寡斷。我們靠自己靠得太近，而難以掌握一個能正確認識自己的距離。就像怎麼可能會有一個老想著幫自己討回公道的正義之友呢？相反地，我們能看見死者的真實樣貌，因為虔誠的心會使我們忘掉一些細枝末節。死者給的建議可能是人類最大的壯舉，那些建議的力量來自於它們不復存在的這件事實。人只要活著，就必須不斷地回應周遭世界的各種衝擊，就得每天、每小時不只一次把自己的種種堅持拋諸腦後。正因為如此，捫心自問死者的心意才富含深意。請想明白也聽清楚：死者想要活著，它們想要在你身上活下去，它們想要你的生命一如它們所曾想望過那樣充滿富饒的耕耘。墳墓就是如此把我們引領回生命之中。我們的思想就是如此渡過即將來臨的冬天，而後充滿喜悅地直奔下個春天與新芽萌生。我望著昨日那棵即將落葉的丁香樹，並預見它來日的花蕾。

62

瞎攪和
Gribouille

無論如何，應當想盡辦法安慰自己，
而不是任由自己掉進悲慘的深淵裡。
那些一心想要自我安慰的人，
總是能比想像中更迅速的恢復正常。

1911.12.31

喉嚨發癢的人會猛烈地咳嗽，因為他們一心想擺脫這種搔癢感。不過卻適得其反，導致喉嚨發炎、氣喘吁吁且疲累不堪。因此，醫院或健康中心專教病人不會咳嗽的方法。首先，就是盡可能地憋著不咳嗽。更好的方法是，想咳嗽時就吞一口口水，其中一種動作會排除另一種。最後，不要為了這小小的搔癢而感到不適或被激怒，只要不去理會它，這種搔癢自然就會平息下來。

同樣地，有些病人喜歡抓癢，並從中得到一種夾雜著痛苦的快感，而他們事後所要付出的代價是加倍的痛苦。和那些拚命咳嗽的人一樣，下場都是自找罪受而已。這種招數就是瞎攪和。

失眠也有類似的慘況。失眠者的痛苦往往是自找的。人本來就無法說睡就睡，再說躺在床上也不難受。可是一躺下，腦袋便開始轉個不停，想著要睡覺，使勁地想讓自己入睡，用盡全部的專注力；但正因為如此，意志和專注力的集中反而導致睡不著。要不人們就開始惱火，開始計算小時數，覺得白白浪費寶貴休息時間的自己很荒唐，同時又翻來覆去地像在草地上拍跳的鯉魚。這同樣是無端生事。

還有，人們只要有什麼不痛快，無論白天或晚上，一有機會就會想起。人們把這整件事當作像是一部驚悚小說般，一幕幕攤開在桌前，沉緬其中的痛苦，卻樂此不疲。人們不斷地回溯事件，深怕自己遺忘某個細節，並從中預設所有可能發生的不利處境。這最終仍是在戳自己的痛處。又一個瞎攪和的方法。

情人的眼裡看不見愛以外的事。他重溫舊時的美好，眷戀著負心愛人的種種優點，和她的背叛及不公義，然此舉無非是拿著鞭子狠狠地抽打自己。倘若無法轉移思緒，就應該用另一種方式來看待自己的不幸。他應該告訴自己，那不過是個蠢女人而已，而且她已過了荳蔻年華。想像和這個女人一起變老的生活會是如何，審慎地衡量過去和她在一起的快樂，還要扣除掉自己一頭熱的部分。想想過去那些不愉快的片刻，這些事情往往在開心的時候被忽略掉，但在傷心之時，它們就起了安慰的作用。最後，他還可以把思緒集中在負心愛人的某個不討喜特徵上，無論是眼睛、鼻子、嘴巴、手、腳或是講話聲調，只要專心去找，總會找到一、兩個缺點。我得承認，這是個需要勇氣的處方。而更簡單的方法，就是讓自己全心投入某個複雜的工作或困難的行動之中。無論如何，應當想盡辦法安慰自己，而不是任由自己掉進悲慘的深淵裡。那些一心想要自我安慰的人，總是能比想像中更迅速的恢復正常。

63

在雨中

Sous la pluie

你的微笑對下雨不起作用，
然而，對人卻大有影響。
只要他們跟著你笑，
他們就會變得不那麼憂愁，
也不那麼無趣了。

1907.11.4

天底下的痛苦不勝枚舉，偏偏還有人惟恐天下不亂，用想像去牽連、增添痛苦。你每天至少會遇見一個抱怨其職業的人；他振振有詞，因為只要想這麼做，每件事都有碴可找，而天下沒有十全十美的事。

你是老師，就會抱怨年輕學子的野蠻，他們什麼都不懂也不感興趣；你是工程師，就會抱怨被淹沒在文件堆中；你是律師，就會抱怨法官壓根不聽你說話，只顧著打瞌睡消化胃裡的食物。我當然相信你所說的一切屬實。像這樣的事情必然有幾分真實性，才會到處拿來說嘴。除此之外，倘若你還抱怨胃痛或鞋子進水，我就更能明白你的意思了。這是個能抱怨生活、抱怨周遭人的機會，甚至抱怨神，如果你相信祂的存在的話。

不過別忘了，這種抱怨是沒完沒了的，而憂愁往往會繁衍更多的憂愁。因為這般抱怨宿命，便增加了自己的痛苦；你杞人憂天地預先取消了所有放聲大笑的希望，把自己的胃弄得更痛了。倘若你有個怨天尤人的朋友，你一定會試著讓他放輕鬆，讓他用另一個角度來看待世界。為什麼你不能成為自己的好朋友呢？當然可以；說真的，我認為人應當多愛自己一點，並且善待自己。一切往往取決於人們最初所採取的角度。古代作家說過，所有事都有兩個柄，選擇去握住割手的那頭並不明智。俗諺裡把那些總能提出最好的、最具啟發性見解的人稱為哲學家，這是正中靶心。重點是為自己辯護，而不是和自己做對。我們每個人都有很好的辯論或找藉口的才能，只要我們願意，必然能找到讓自己開心的理由。我發現，人往往是出於一時疏忽或者禮貌才抱怨自己的職業。倘若人們能把話題導向他們正在做或開展的事，而不是執著於正在承受的事，他們就會蛻變成詩人，而且是興高采烈的詩人。[86]

天空飄下細雨時，你碰巧走在路上，只消打傘遮雨即可。實在用不著說：「又下起這討人厭的雨！」這話對雨滴、雲或風都起不了作用。倒不如說：「噢！小雨來得正是時候。」我同意你說的，這同樣對雨不起作用。確實如此，不過這對你自己有好處。你於是抖掉一身雨珠，並因此全身暖和起來。再微小的快樂動作，也能產生如此的效果。這麼一來，你便無須擔憂會因為淋雨而感冒了。

你也可以把人當下雨對待。你說這不容易，其實不然。這遠比對下雨容易。你的微笑對下雨不起作用，然而，對人卻大有影響。只要他們跟著你笑，他們就會變得不那麼憂愁，也不那麼無趣了。倘若你能站在他們的角度想，便能輕易地容忍他們。馬可．奧里略（Marc Aurèle）[87]每天早晨都對自己說：「我今天會遇見一個自吹自擂的人、一個騙子、一個徇私的人跟一個聒噪不休的無聊人士。使他們這麼做的原因，出自於他們的無知。」

86 詩人指的是具備誇張痛苦或者美化世界的能力的人。

87 羅馬帝國五賢帝時代的最後一個皇帝。他是斯多噶學派的哲學家，有「哲人王」的美稱。

64

躁動
Effervescence

儘管有許多壞預兆，
但最終並未真正打起仗來，
因為真正的危險在於躁動。
而就這一點來看，
每個人都是自己的主人，
也有權力決定是否讓風暴發生。

1913.5.3

戰爭和激情有著相同的法則。人用來解釋大發飆的理由，像是利益衝突、競爭對手、積怨，都不近情理。友善的環境總是能避免悲劇發生；狹路相逢往往是導致爭吵、鬥毆和謀殺的起因。假設有兩個人有著共同的生活圈，他們之間有個狀似無法避免的口角之爭。此時，兩人因為各自的要事，分別前往相距甚遠的地方生活很長一段時間。如此簡單的一個事件，卻確立了兩人之間的和平，這是對他們百般勸說所辦不到的事。所有的激情都是機會的產物。倘若有兩個人像房東、房客一樣天天相見，最初的結果就會變成其他結果的原因，而焦躁和火氣一旦產生了，就會像火上加油一樣愈演愈烈，這使得最初的原因和最後爆發的效果有著相當程度的落差。

孩子哭鬧時，身上往往會產生一種純粹生理的現象，孩子自己不會注意到，但是他的父母和老師應該要加以留意。他的鬼吼鬼叫會使他自己難受，因而更加激怒他變本加厲地哭鬧；威脅、提高嗓門都會使他愈發難受，因為怒火會製造更多的怒火。此時應當採取一種實質的行動去幫助他，例如按摩或者轉移他的注意力。母愛總是知道怎麼妥善地解決這些情況，像是抱著孩子走動、撫摸，或者搖晃他的搖籃。按摩可以治療痙攣，無論是對孩子或者對任何人都一樣；發怒的時候，肌肉也總是處於攣縮的狀態，需要透過體操或音樂來治療，如同古代人所以為的那樣。人在發飆的當下，跟他講再好的道理也沒用，甚至經常是火上加油，因為這些道理往往會讓他聯想到所有足以激起憤怒的事。

這些看法有助於理解為什麼人們總是害怕戰爭爆發，而它又同時是可以避免的。人會害怕的原因在於只要人一躁動，就算再小的理由也足以引發戰爭。戰爭又總是可以避免，只要大家不那麼躁動，天大的事情也不致開戰。人民應當慎加考慮這個簡單的法則。他們往往自暴自棄地認為：「我只是個什麼都不是的小人物，我能為維持歐洲和平做些什麼呢？隨時都有新的衝突理由。每天都會帶來新的問題；這邊的解決方案導致別處的危機；人們才理出一個頭緒，那邊又糾結了，整個歐洲局勢就像一團亂麻繩。只能隨便它了。」[88]然而，有上千個例子足以證明戰爭並非必然的。所有的事情都可以調解，也可以搞破壞。我見過布列塔尼（Bretagne）的海岸為了防止英軍入侵所修築的防禦工事，儘管有許多壞預兆，但最終並未真正打起仗來，因為真正的危險在於躁動。而就這一點來看，每個人都是自己的主人，也有權力決定是否讓風暴發生。只要懂得善用，公民團體能匯聚無限大的力量。但首先你應該像智者所說的那樣，讓自己快樂。因為幸福並非和平的結果，幸福就是和平本身。

88 此篇寫於第一次世界大戰爆發的前一年。

65

愛比克泰德

Epictète

人們可能在海上遇難而獲救，
也可能淹死在平穩的水池裡。
真正的問題在於：
你有把腦袋伸出水面之外嗎？

1910.12.10

愛比克泰德說：「消除錯誤的意見，你就消除了厄難。」這對那些等待受封紅綬帶[89]，或與紅綬帶無緣而失眠的人來說，是個很好的建議。他們誇張了紅綬帶的意義，它實際上就是一塊紅色的絲綢布而已，而能如此看待的人，通常不會被搞得心神不寧。愛比克泰德的例子都很直白。譬如，這位善心的朋友勾著我們的肩膀說：「你很傷心，因為你沒能在競技場看台搶到你要的位置，而偏偏你又認為那個位置是該留給你的。所以，來吧，現在競技場上空無一人；你來摸摸看這塊神奇的石頭，還可以坐坐看呢。」同樣一帖藥方也能拿來對付所有的恐懼和制約性的感受。應當要直視對象，看清楚它究竟是什麼東西。

愛比克泰德對船上的乘客說道：「你害怕這場暴風雨，怕到好像要你把這片大海全吞了似的。可是，親愛的，其實只需要兩品脫[90]的水，就能把你給淹死了。」確實，波濤洶湧不代表實際上的危險。人們忐忑不安地聯想著：「翻騰的海水、自海底湧現的聲音、巨大的浪潮、威脅、攻擊。」根本沒這回事。這是海水在地心引力、潮汐和風的作用下所產生的搖晃，而不是厄運臨頭。這些巨響或搖晃都不會置你於死地，命運也不會

89 勳章的標誌。
90 法國舊時的液體容量單位。一品脫等於〇・九三公升。

殺死你。人們可能在海上遇難而獲救，也可能淹死在平穩的水池裡。真正的問題在於：你有把腦袋伸出水面之外嗎？我曾聽聞一些優秀的水手會在船駛近某個受詛咒的礁岩時，遮住眼睛伏在甲板上。過去的傳聞害死了他們。他們的屍首被沖到同一片海灘上，做為錯誤意見的見證。那些僅是把礁岩、水流、漩渦視為相互作用，為全然可解釋的事件的人，他不會覺得有什麼恐怖之處，也可能不會遇上任何厄難。掌舵的時候，一次只能看見一個危險。老練的鬥士毫無懼意，因為他很清楚自己在做什麼、對方在做什麼。倘若聽憑命運的擺布，在被敵人的劍刺中之前，他早已被命運陰沉的目光所刺中。恐懼遠比厄難來得更糟。

一個腎結石的病人要開刀，他想像自己被開腸破肚、血流如注。然而，外科醫生完全不做此想。外科醫生很清楚自己不會切割到任何不必要碰觸的細胞。他要做的只是從細胞堆裡闢出一條通道，可能會讓浸潤細胞的體液流失掉一點，然而這個損失絕不會大過未妥善包紮的手指上，傷口所造成的血液流失。他知道這些細胞真正的敵人為何，而正是為了對抗這個真正的敵人，細胞才會形成如此緊密的組織，這個需要用手術刀來切除的組織。外科醫生知道這個敵人，也就是病菌，它就在這裡，因為這個結石堵塞了內分泌的通路。而他也知道自己的手術刀會帶來生命，而非死亡。他知道一旦把敵人清除乾淨，一切又會重新活過來，就像一個切口平整、乾淨的傷口會以飛快的速度自動癒合一樣。倘若病人能這麼想，倘若他能消除錯誤的意見，雖然無法光靠這樣就治好結石的毛病，至少他能治好自己的恐懼症。

66

斯多噶主義

Stoïcisme

我堅信一個幸福祕訣，
那就是無視於自己的脾氣。
一旦脾氣被視若無睹，
便會回到動物性的生活裡，
像狗鑽回狗窩一樣。

1913.8.31

人們可能對大名鼎鼎的斯多噶學派有所誤解，總以為他們教給我們的僅僅是如何抵抗暴君和勇敢地承受酷刑。對我來說，他們扎實的智慧有不少用處，就算是用來對付暴風雨也行。如同人們所知的，他們的思想方法在於把自身與受苦的感受區分開來，並且將這種感受視為一種對象般地對它說：「你是外在事物，不屬於我的。」相反地，那些不懂得生活藝術的人不了解臥薪嘗膽的道理，而讓暴風雨進入他們的心裡。他們愛說：「我感覺到暴風雨近了，既讓人焦躁又身心俱疲。老天爺，發威吧！」這活得跟動物沒兩樣，而且想得太多。因為從表面上來看，動物完全受制於即將來臨的暴風雨的控制，就像植物會在大太陽底下彎低身子，等太陽過去以後又伸直起來。不過，動物不會多想，就像我們在半夢半醒間不會知道自己是開心還是傷心的。這種麻木的狀態對人同樣有益，它使人即便處於再巨大的痛苦中，也總是能夠得到休息，只要這個遭逢不幸的人能完全的放鬆。所謂完全放鬆即是它字面上的意思，軀幹被妥善的安置，所有肌肉完全鬆懈下來。有一種技術可以讓肌肉在休息時收縮，這算是一種內在的按摩，與因為發怒、失眠或焦慮所導致的肌肉痙攣相反。對於那些有睡眠問題的人，我總愛如此建議：學學死貓的樣子。

現在，如果人們無法降格到這種伊比鳩魯學派（épicurien）[91]所推崇的動物式的生活，那麼只得振作起來。就某種程度而言，便是要躍升至斯多噶學派的高度。這兩種學說都很好，但徘徊猶豫在兩者之間，卻毫無價值。倘若人們不能與雷雨同化，那麼就應當對抗，與其截然二分。應當要說：「這是雷雨，而不是我。」當然，面對不公平、失意或嫉妒都比面對雷雨來得困難。這些東西猶如惡獸般難以擺脫。不過，應當勇於這麼想：「我因為失望而覺得傷心，這也不奇怪，就像雨和風那樣自然。」這個建議會惹火激情的人。他們像承擔義務一樣，自願受苦。他們像是孩子或驢一般地鬧彆扭，又氣自己的不可理喻，於是便鬧得更凶。他大可放過自己地說：「這是在幹嘛呢？不過就是孩子在鬼叫。」但這還稱不上會生活。再說，只有少部分的人懂得生活的藝術。不過，我堅信一個幸福祕訣，那就是無視於自己的脾氣。一旦脾氣被視若無睹，便會回到動物性的生活裡，像狗鑽回狗窩一樣。因此，依我之見，應用倫理學把以下列入重要的篇章之一，也就是把自己與自己的錯誤、懊悔和所有可悲的反省區分開來，並且告訴自己：「憤怒總會過去的。」就像孩子一旦發現沒人理睬他的哭鬧時，便會停止哭鬧。聰明的喬治．桑（George Sand）[92]在她的傑作《康素愛蘿》（*Consuelo*）中很好地演繹了這樣高貴的靈魂，只是讀過的人太少了。

91 以伊比鳩魯的學說為基礎，認為最大的善是驅逐恐懼、追求快樂，以達到寧靜且自由的狀態。

92 喬治．桑（George Sand, 1804–1876），法國十九世紀女作家。《康素愛蘿》為其重要的代表作之一，描寫女歌唱家的愛情故事。

67

認識你自己

Connais-toi

除了自己以外，人沒有別的敵人。因為對自己所下的錯誤判斷、無謂的恐懼、絕望、喪氣話，使他成為自己最大的敵人。

1909.10.23

我昨天從報上讀到一則常見的廣告：「成功的祕方，使別人對你產生好印象的訣竅，絕對靈驗。每個人身上都有一道生命流，唯有知名的X博士知道如何運用它。十法郎，保證學會。由此可知，那些生意失敗的人就是因為沒花上這十法郎……」報上刊出的這幾行字不會不起作用，這位傳授成功祕訣、磁流感應的教授想必能找到他的客戶。

我反覆思量這件事，猛然醒悟到這位教授無疑地比他自己以為的更加狡猾。撇開那些生命流不談，他究竟做了什麼？倘若他能給人一點信心，這已經是不小的功勞了，因為這點信心會讓他的顧客得以戰勝那些被他們過度放大的困難。畏縮是一個巨大的障礙，而且往往也是唯一的障礙。

不過，我看得更遠。儘管教授本人不見得意在如此，但他確實教會他的顧客們如何集中注意力、如何反省，以及如何井井有條地、有方法地做事。各種所謂釋放磁力的練習，都需要貫注所有力氣去想著某個人或某件事。我假設教授一步一步訓練他的顧客，直到他們懂得集中注意力，光憑著這一點，他對學費便已受之無愧了。因為首先，透過這個方法，這些人已經轉移了心思，不再光想著自己和過去的種種、失敗、疲憊、胃痛，他們因此擺脫了積壓在身上、與日俱增的負荷。多少人把生命蹉跎在怨天尤人之上啊！再者，這個方法讓他們開始認真思考自己想要的東西，考慮當前的環境和所需的人脈。他們可以清楚地區辨各種形式，而不是恍如做夢般，把全部的事情都重複且混雜在一起。而倘若他們從此之後便取得勝利，這也並不令人意外。我還沒算上他們可能偶爾也會有走運的時候，而這也會算在教授的功勞上。至於倒楣的時候，誰會拿出來嚷嚷？每個人都覺得自己有幾個敵人，其實沒那麼回事。人沒有那麼大的定性，不過比起維繫友誼，人們往往更用心在培養自己的敵人。你認為自己跟某個人有嫌隙，其實對方早就把這件事情給忘了，而你卻耿耿於懷，因此冷著張臉。光憑這點，你就能讓他回想起過去的舊恨。除了自己以外，人沒有別的敵人。因為對自己所下的錯誤判斷、無謂的恐懼、絕望、喪氣話，使他成為自己最大的敵人。光是對一個人說：「你的命運操之在己」，這已經是個價值十法郎的建議了，何況還奉送什麼生命流。

蘇格拉底時代，在聞名遐邇的德爾菲（Delphes）的阿波羅神廟（Apollon）[93]裡有女預言師專門販賣各種大小事情的建議。不過，這位阿波羅神比我們那位生命流的賣家更誠實，因為祂已經把祕訣寫在神廟的門楣上。如此一來，當有人前去詢問宿命，想要得知自己正處於順勢或逆境時，他便能在進入神廟前讀到這意味深長且適用於諸事的神諭：「認識你自己。」

93 所有古希臘城邦共同的聖地。此處的神諭通常是通過女預言師而下達凡間。神廟門楣上刻有三句神諭，分別是：「認識你自己」、「凡事不過分」、「妄立誓則禍近」。

68

樂觀主義
Optimisme

在人際交往上，
信心也是事實的一部分。
假如我沒把對自己的信心考慮進去，
我往往就會錯估了事實。

1913.1.28

幾個天真的女學生一時鬼迷心竅去偷摘水果，只要見到有人走過來，就十分害怕地禱告著：「願主保佑，希望來的人不是田裡的守衛。」我曾多次思忖這個例子。這近乎是一種典型的傻氣，除非能從人性的觀點來重新思索。從這個例子來看，女學生確實把現實和希望給搞混了，但是這個混亂比較偏向語言上的，而不是思想上的。就像我們每個人都是先學會講話之後，才開始學會思考，因此每個人都會有搞混的時候。

每當有聰明人指責「這是一種一廂情願的樂觀主義、一種盲目的希望和自我欺騙」，我就會想起底下這段小插曲。這位聰明人罵的是阿蘭[94]，因為這個天真、毫無心機的哲學家忽視極為明確的證據，情願相信人是真誠、謙卑、理性且有感情的；他相信我們會迎來和平與正義，尚武美德會終結戰爭，選民會選出最適合的領導者。然而，這些善意的安慰無法改變任何現實，就好像一個要去散步的人站在門邊想著：「這大片烏雲掃了我出門散步的興致，我寧可相信不會下雨。」其實不如把雲想得更黑、更濃些，然後帶把傘出門。這個聰明人就是這樣譏諷我的，而我也對他的想法感到好笑。他的說法表面上看起來很有道理，但其實就只是純裝飾而已。而我的道理雖然像是一座土氣的牆，背後卻有著一整棟房子做為支撐。

94 指作者自己。

未來有自己形成的，也有人們去創造出來的。真正的未來由這兩種因素組成。自己形成的未來就像暴風雨、日蝕、月蝕，它們跟希望與否沒有關係，人們只能眼巴巴地看著它們發生，觀察、認識它們。就像人們擦拭望遠鏡的玻璃一樣，應當擦掉會蒙蔽雙眼的激動蒸汽。我很清楚，我們無法改變天象，而這件事使我們學到順從和幾何學的認知，這兩者構成了大部分的智慧。不過，人用他靈巧的雙手改變了多少地上的事！生火、種田、造船、馴服狗、駕馭馬，這些都是人做的事，而倘若科學阻斷了人的希望，這些事都不會發生。

特別是在人際交往上，信心也是事實的一部分。假如我沒把對自己的信心考慮進去，我往往就會錯估了事實。倘若我認為自己會摔倒，那麼我就會摔倒。倘若我覺得自己很無能，那麼我便很無能。倘若我認為自己被希望所蒙蔽，那麼我的希望就會蒙蔽我。注意這個道理。好天、壞天都是由我決定的；我先在自己身上製造天氣，在周遭製造天氣，並在人世間裡製造天氣。因為無論轉好運或轉壞運，都變得比天還快。倘若我對人有信心，則人人皆誠實；倘若我先拿人當賊看，則誰都想偷我的東西。人人都只是用我對待他們的方式，來對待我而已。而下面這件事你得仔細想清楚，希望跟意願有關。人們因為想要，而去做某件事情，例如追求和平與正義，這便是希望。但是，絕望不需要徵求人的意願，光靠著它所製造的事件就能在人的腦袋裡安頓下來，並且逐漸強大起來。藉由這樣的想法，人們才可能去拯救宗教裡值得被救，如今卻被宗教所拋棄之物，而我所指的正是美好的希望。

69

鬆綁

Dénouer

如果人們只考慮事情的原貌，
而不想要去改變它，
那麼，悲觀主義就會成真。
因為只要人們隨波逐流，
人世間的事往往會往壞的方向急轉直下。

1921.12.27

昨日，某人用短短的幾個字給我下了定義：「無藥可救的樂觀主義。」他顯然不真的了解樂觀主義的真實意涵。他其實是想要說我生性樂觀，才能夠總是保持開懷。不過，他認為這種善意看待世界的方式並無法取代真相。這就是把客觀事實和願望混為一談。如果人們只考慮事情的原貌，而不想要去改變它，那麼，悲觀主義就會成真。因為只要人們隨波逐流，人世間的事往往會往壞的方向急轉直下；例如，倘若有人任性妄為，他馬上會變得不幸與凶狠。這是我們身體的構造使然，只要人們不善加管理、不留意，身體就無法好好地運作。你瞧一群孩子，當他們處於沒有明確的遊戲規則下，馬上會變得粗暴無禮。他們所表現出來的就是一種會迅速從興奮轉為憤怒的生物法則。你可以試著和一個幼童玩拍手遊戲，這個動作本身會引起一種激動，讓幼兒拚命拍手。另一個試驗是，請一個年輕的男孩說話，並且稍加鼓勵。一旦他克服了自己的畏縮，便會開始肆無忌憚地滔滔不絕。這個教訓會讓你自己都感到臉紅，因為它對大家都適用，也能刺激所有的人。任何人只要放開懷去說話，不稍加自我控制，馬上就會講出不少會事後後悔的話，怪罪自己本性難改。由此可知，一群人在躁動的時候，什麼傻話都說得出口，什麼壞事也都做得出來。這一點你並沒有搞錯。

不過，一個了解這些壞處起因的人，他既不會埋怨自己，也不會陷入絕望之中。無論是對哪種嘗試來說，笨手笨腳都是基本通則。無論是繪畫、劍術、馬術或談話技巧，只要是未經鍛鍊的身體，往往都會難以掌握好分寸，自然而然會失去準頭。這個失誤會使人詫異，並且似乎顯得悲觀主義很有道理。不過，應當要從原因去理解這件事，這件事主要考量的是所有肌肉之間的聯繫。肌肉的運動是由其中一塊肌肉的運動帶動其他肌肉的運動，而不是首先強調所有肌肉之間的彼此協調。笨手笨腳的人就算只是執行最低限度的運動，也需要用盡全身力氣。即使只是釘個釘子，在一開始不熟練的時候，每個人也總是笨手笨腳的。然而從練習中，人所能獲得的技巧是無止盡的，各種藝術或技藝都足以為證。一幅美麗的繪畫也許是說明人的靈巧的最好證明。因為這隻沉重、急躁、激動又負荷全身重量的手，竟能繪出如此輕柔、節制、乾淨的線條，它像是既臨摹了對象，又同時評斷了對象。人們的喉嚨既能吼叫、發怒，也能用來歌唱。每個人都被賦予這堆顫抖的、交纏的肌肉。應當為肌肉群鬆綁，而這並不只是一個小工程。人人都知道怒氣和絕望是這之中最先要克服的敵人。應當懷抱信心、希望和微笑，並且帶著它們一起工作。人的天性就是，倘若不把攻無不克的樂觀主義當作守則中的守則，那麼，最黑暗的悲觀主義馬上就會成真。

70

耐心

Patience

這個你身處其中的世界
只在等待著你的一個眼神，
以便能吸引你，把你帶著走。
應當學會當一個善待自己的朋友。

1910.12.11

每當我要去搭火車的時候，往往會聽到有人這麼說：「你要花那麼長的時間才能抵達目的地，這個旅程還真是漫長無趣。」糟的是他們真心認為如此，而正是在此，斯多噶學派的道理顯得十分有效：「消除判斷，你就消除了厄難。」

如果換個角度想，便能把鐵道之旅當作是最大的樂趣。倘若有張全景圖，從中人們可以看見天空、大地的顏色，而飛掠過的景物猶如以地平線深處為中心旋轉著；真有這麼一張能給出如此景觀的圖畫的話，全世界的人都會競相觀看。若此圖的發明者能再加入火車的震動和旅途中的各種聲響，這張圖就會顯得更加動人。

只要你踏上鐵道，上述的一切美好都會免費奉送。是的，免費。因為你付的是運輸費，而不是觀賞山谷、河流與山脈的費用。生命中處處充滿這種活著的歡愉，它不花任何一毛錢，但人們卻不懂得善加利用。應當用各種語言四處去設立如下的標語：「張開眼睛，享受歡愉。」

你這樣答道：「我是旅行者，而不是觀賞者。因為一個重要的業務，我才會出現在這裡或那裡，並且盡可能提早抵達。我滿腦子都在計算著時間和輪子的轉數。我討厭那些中途的停靠站和那些動作緩慢的行李運送職員。我人未到站，心已出站。我情願推趕火車開得更快些，推著時間跑得更快些。你說這樣想根本毫無理智，但我覺得這是很自然而然、無可避免的，倘若人們依然血氣方壯。」

當然，血氣方壯是件好事。然而，在這片大地上取得勝利的並非最容易發怒的動物，而是最理性的動物。他們應時制宜地發揮自己的熱情。就像最厲害的擊劍高手不會頻頻跺腳，不會不看準方向胡亂出手；他會保持冷靜，等待對手露出破綻，才會像燕子般趁虛而入。同理，學習採取行動的你，不需要推趕車廂，因為沒有你，它照樣會行進。無須你的推趕，莊嚴且沉著的時間就會把全世界從這一瞬間帶往下一個瞬間。而這個你身處其中的世界只在等待著你的一個眼神，以便能吸引你，把你帶著走。應當學會當一個善待自己的朋友。

71

善意
Bienveillance

控制別人的情緒遠比
控制自己的情緒來得容易。
審慎地引導對方情緒的人，
也能透過這個方式，
成為自己情緒的醫生。

1922.4.8

「要對某個人感到滿意是一件很困難的事。」拉布魯耶（La Bruyère）[95]的這句嚴苛的話早該讓我們引以為戒。因為人情倫常要求每個人去適應社群生活裡的實際處境，不要去苛責一般人，只有憤世嫉俗的人才會抱怨連連。因此，無須追根究柢，只要不把自己當作付費觀眾，強要別人做戲來取悅自己，便不會過分地要求他人。不過與此相反，我倒認為應當回想自己曾走過的艱辛歷練，事先把一切往壞處想。我假設對方鬧胃疼、偏頭痛、手頭拮据或者家庭不睦。我對自己說，對方就像三月的天空般陰晴不定，時而灰時而藍，時而晴暖時而涼；我會帶著我的毛外套和雨傘，有備無患。

這麼想很好。不過，還有更好的做法。倘若人們能想到人的這具不穩定的身體，最輕微的碰觸也能使其顫抖，總是傾斜的、易怒的，並且會隨著身體狀況、疲憊程度和外力做出動作與回應，而我們卻要求這樣的一具人體，應當保持一致地以尊重、合宜的談吐、穩定的情感狀態來對待自己。我對別人如此斤斤計較，卻對自己毫不注意，我無意間的舉止、皺眉都在表露著自己所不察的訊息，像是臉上的表情時陰時晴。而我讓別人看到的，正是我從別人身上讀取到的，令我自己感到驚愕的東西，那就是人。這指的是一個由精神所主宰的動物。人們往往把這個動物看得太高，或者太低，這個動物只要

95 尚・德・拉布魯耶（Jean de La Bruyère, 1645–1696），法國哲學家、作家。

露出一個表情，就得再多做十個表情，或者不如說他用整個人在做表情，而非哪一個特定部位。因此我該像個淘金者，在這堆混合了各種表情的綜合體裡披沙揀金，我得自己去找，因為誰也不把自己所說的話，當作在聽別人的話那樣認真的去留意每一個字詞。我這麼做不僅合乎禮節，更甚，我對別人敞開了寬廣的信任，我拋棄細枝末節，等待他真正的思想。除此之外，我還注意到一個意想不到的結果，我所展現的這份善意，使得一個原本劍拔弩張向著我畏縮走過來的人瞬間解除武裝。簡言之，打照面的雙方都有脾氣，像兩朵烏雲碰在一起，總得有一方先向另一方微笑。而倘若你不是先開始微笑的那個，那麼，你就只能是尷尬的另一個。

一個人再壞，也總有人會想到他的好處，說他的好話；一個人再好，也總會有人想到他的壞處，說他的壞話。人天生不怕使別人不快，因為再畏縮的人也會發怒，而怒氣衍生勇氣。感受到自己正在惹人厭，這只會讓情況變得更糟。不過，現在你既然明白了這些道理，就別再陷入這個局勢裡。以下是一個驚人的經驗，請務必一試。控制別人的情緒遠比控制自己的情緒來得容易。審慎地引導對方情緒的人，也能透過這個方式，成為自己情緒的醫生。因為談話如同跳舞一般，每個人都是另一個人的鏡子。

72

辱罵

Injures

應當把咒罵當作毫無意義的感嘆詞。這些語詞的發明純粹是為了出氣罷了，而不是為了刺傷或激怒別人。

1913.11.17

倘若有台留聲機劈頭把你給辱罵了一頓，這會讓你哈哈大笑。倘若有個壞脾氣的人，他幾乎發不出聲音來，但為了出氣而放了一張錄有各式各樣辱罵的唱片，誰也不會認為這些突如其來的辱罵、詛咒是衝著自己而來。不過，若是當著面破口大罵，每個人都會認為這是蓄意的，或至少認為辱罵當下是當真的。人在激情的情況下往往會夸夸其言，而口不擇言的話語對聽者來說深具其意，這就是判斷錯誤之處。

《激情論》是笛卡兒寫過最觸動人心的作品，只可惜很少人讀過。這本書正是在解釋人體這具機器，由於構造和所養成的習慣，很容易便能扮演出有在思考的模樣。這不僅是對別人，自己也會信以為真地認為自己在思考。當我們在盛怒之下，首先會設想上千個理由去證明自己的發怒其來有自，而出於情緒的激動，每個理由都狀似言之鑿鑿。我們在氣頭上說的話往往充滿感情，像是真有那麼一回事，這些話語就像演技高超的演員一樣感動了我們自己。此時，倘若別人也模仿我們跟著激動起來、惡言相向，那麼就有好戲看了。其實雙方的想法都僅是盲從話流，而不是經過大腦思考後的發言。而這無非就是劇場的真理，角色們不斷地去反省他們所說過的話。他們的台詞猶如神諭般，讓他們從中挖掘出意義。

在一個和諧的家庭裡，每個人在氣頭上所說出來的話往往也是可笑至極，面對這些脫口而出的話語，最好的方法就是一笑置之。不過，大部分的人不懂得這種激情的自動機制，他們不經大腦地全盤接受，就像荷馬史詩裡的英雄們相信神諭一般。而由此衍生出來的仇恨，當然就只是一些想像出來的結果。我佩服那些對於自己的仇恨能如此信誓旦旦的人。一個仲裁者不會聽信盛怒之下的證詞，可是當他變成當事人的時候，他往往就會相信自己，而且是什麼都信。我們最怪異的錯誤之一，就是期待怒火把長期隱藏住的一個思想釋放出來。然而這些想法，一千次裡也沒有一次是真的。當一個人有自制力的時候，他才能說他自己在思考。這本來是很顯而易見的道理，但是躁動、激動和急著回嘴的反應使我們把這道理給忘了。在《紅與黑》[96]裡，善心的神學院院長彼拉（Pirard）看穿了這一點，他對他的朋友說：「我很易怒，也許我們的聊天最好就此打住。」這讓事情變得再簡單不過了。倘若我能把自己的怒火當作單純是留聲機一樣的運作，我指的是膽汁、胃酸和嗓門之間的作用，只要明白這道理，我不就能中斷這個糟糕的悲劇演員的台詞，噓他下台了嗎？

應當把咒罵當作毫無意義的感嘆詞。這些語詞的發明純粹是為了出氣罷了，而不是為了刺傷或激怒別人。當馬車夫遇到塞車時往往會口出惡言，這使他們在毫不知情的狀況下成為哲學家。不過有趣的是，在這些空包彈的謾罵裡，偶爾也有一兩句話會擦槍走火傷害到別人。人們可以用俄語辱罵我，反正我一個字也聽不懂。但假如我剛好懂俄語呢？事實上，所有的辱罵都是胡說八道。只要明白這個道理，也就明白在辱罵裡沒有什麼需要去理解的內容。

96 司湯達爾的作品，參見本書第21篇。

73

好脾氣

Bonne humeur

我們須用高貴的態度去生活，
既不該過分悲痛，
也不該放縱自己悲劇式的陳詞
把傷心傳染給別人。
與人為善，也與自己為善。
幫助別人，也幫助自己好好的活下去，
這才是真正的仁慈。

1909.10.10

倘若我未來打算寫一本道德論，我會把好脾氣列為優先義務。我不知道是哪一種殘酷的宗教這樣教導我們，說憂傷是偉大且崇高的，而智者在為自己掘墳的同時，應當想著死亡。我十歲時，曾去參觀過大苦修會（Grande Trappe）。苦修士們每天向下挖掘自己的墓穴，而死者會被放置在靈堂裡，足足擺上一個星期之久，用來教育在世的人們。那陰森的景象和屍體的氣味讓我久久難以忘懷。他們的手段過於激烈，反而什麼都證明不了。我不確定自己是從什麼時候開始，又是什麼樣的理由使我放棄天主教信仰的，因為我已經記不得了。不過，從參觀大苦修會那時起，我便告訴自己：「這絕對不可能是生命的真諦。」我的整個身心都在反抗這些愁眉苦臉的修士。我像擺脫疾病一般地甩開他們的宗教。

然而，我的身上仍帶著宗教的印記。我們每個人都是如此。我們太容易為了一點小事就唉聲嘆氣，而當遭遇到一些真正的折磨時，又覺得應當要表現出自己的痛苦。這是一種錯誤的見解，就像人們對信徒的誤判一樣。一個人若懂得痛哭流涕，他就容易為人所原諒。應當去看看在墳前上演的悲劇，致悼念詞的人往往泣不成聲，像被擊倒了一般。古人若看到這副景象，想必會同情地心想：「這到底是在幹嘛？致悼念詞的人本該肩負安慰者的責任，說一些安慰的話，這完全不是一個生者的嚮導，而是一個悲劇演員，一個憂傷和死亡的專家。」對於放肆的〈震怒之日〉（Dies Iræ）[97]，亡靈又會怎麼想呢？我認為亡靈會把這首頌歌歸入悲劇之中。他會說：「當我置身於痛苦之外時，我可以旁觀他人是如何因為激情而陷入消沉當中，這對我來說是個相當珍貴的教訓。但是當我自己身處痛苦之中時，我唯一的任務就是活得像個人，並且緊緊地擁抱生活。我該結合我的意志與生活去對抗不幸，像戰士面對他的敵人一樣，應當盡其所能地以友誼和歡愉的態度去談論死者。然而他們卻滿懷絕望，如果死者地下有知，應該會為他們感到臉紅。」

是的。在遠離神父的誑語之後，我們仍須用高貴的態度去生活。我們既不該過分悲痛，也不該放縱自己悲劇式的陳詞把傷心傳染給別人。面對生活中的那些小小不幸，最好能保持鎮定，不要因為它們而到處訴苦、細究或添油加醋。與人為善，也與自己為善。幫助別人，也幫助自己好好的活下去，這才是真正的仁慈。善良是快樂的。愛是快樂的。

97 Dies Iræ，拉丁文，意為「震怒之日」，意指最後審判之日，上帝召集死者。此為舉行天主教葬禮時，教徒所唱頌的拉丁文聖詩。

74

一種治療

Une cure

好脾氣治療裡，事情全然改觀。
遇上了就當洗了個痛快的澡，
抖一抖身子、聳一聳兩邊的肩膀，
然後舒展一下肌肉，讓它們變得靈活。
人們把壞事像濕衣服一樣一件一件脫掉。
於是，生命之流就像泉水一樣暢流。

1911.9.24

在一群人紛紛講述完他們如何以盆浴、淋浴、節食等方法維持身體健康後，另一個人向大家說：「我已經接受好脾氣治療長達十五天了，而且我覺得好極了。有的時候，人的思想會變得尖酸刻薄，怒氣沖沖地看什麼都不順眼，怨天怨地，無法從任何人、甚至自己身上看見半點好處與善意。當思想朝這個方向轉時，就該去接受好脾氣治療了。這種治療就是要用好脾氣去對抗所有不順心的事，尤其是那些如果不是因為有這個治療，肯定會讓人火冒三丈的事。現在，這些小小的煩躁反而變得相當的有用處，就像爬坡有助於鍛鍊小腿肌肉一樣。」

那個人接著說：「有些無聊人士喜歡聚在一起怨天尤人。平時人人會避之惟恐不及，但相反地，在接受好脾氣的治療期間，人們會特意去接近他們。他們就像是健身房裡的擴胸器，等到可以拉開擴胸器上最細的彈簧之後，就可以去試拉更粗一點的彈簧。我還把我的朋友和熟人按照壞脾氣的程度排序，逐一去面對他們來訓練我的好脾氣。當他們表現得比往日更加尖銳、更加刁鑽地吹毛求疵時，我就會對自己說：『噢！多難能可貴的考驗啊，膽子大點，去吧，去搞定這些抱怨。』」

那人還說：「用在好脾氣治療上面，壞事往往都會變成好事。燒焦的燉菜、硬掉的麵包、炙熱的太陽、滿布的灰塵、帳目不清、兩袖清風，這些都變成寶貴的磨練機會。就像拳擊或擊劍時，人們自忖：『這招耍得真高明，我要不躲開它，要不就扎實地捱住它。』

若是在平時，人們早就哭天搶地像個孩子，但痛哭實在太丟人了，所以乾脆把事情鬧得更大。然而，在好脾氣治療裡，事情全然改觀。遇上了就當洗了個痛快的澡，抖一抖身子、聳一聳兩邊的肩膀，然後舒展一下肌肉，讓它們變得靈活。人們把壞事像濕衣服一樣一件一件脫掉。於是，生命之流就像泉水一樣暢流，讓人有了胃口，而生命經過這般淘洗，也變得芬芳。」他最後說道：「不過，我要就此打住了。你們此刻已顯得容光煥發，已經不需要去接受我的好脾氣治療了。」

75

精神保健

Hygiène de l'esprit

人們應當反過來為精神鬆綁。該立下這麼一條保健規則：「同樣的想法不要重複兩次。」

1909.10.9

昨日我讀到一篇關於某種精神疾病的文章。患者因為老是從同一個角度看事情，最後便認定自己受到迫害，他隨即收起所有善意，變成危險分子。這篇文章讓我覺得憂傷（還有什麼比想到一個瘋子更令人憂傷的事？），但它也讓我想起一個我曾聽過，並且覺得很巧妙的回應。有人在一名智者面前提起一個患有被害妄想症的瘋子，他說此人老是覺得腳冷。智者回答道：「血液循環不良的人，腦袋同樣循環不良。」這句話值得深思。

我們每個人或多或少都有些瘋狂的想法，像是夢中的幻影或異想天開的古怪聯想。這是因為內心的語言碰到障礙，因著一個錯誤的發音，把我們引向某個荒謬的念頭。只不過我們並不會停在這個念頭上。正常人的想法像會飛的蒼蠅一樣，不停地改變念頭。我們轉瞬間就會把自己所有瘋狂的想法忘得精光，以至於從來沒有能力回應這個看似簡單的問題：「你在想什麼？」這種念頭的流轉往往伴隨著某種瑣碎與幼稚。不過，這就是精神健康的模樣。而如果我能選擇的話，我寧可當一個無憂無慮的人，也不要當一個狂躁症者。

我不知道那些負責教導孩童和成人的人是否認真想過下面這個問題。按照他們的看法，養成難以動搖的觀念是最重要的事。因此，他們從小便為我們進行可笑的記憶訓練，使人終其一生都牢牢記住那一長串的劣詩歹詞及空洞的格言。而這些教誨的記憶使我們在人生旅途的每一步都走得跌跌撞撞。接著，我們又被規定反覆學習同樣的教材，在同樣的想法上反覆鑽研。待我們年紀稍長，遇上情緒不佳而引發苦澀的想法時，這種過去被教育出來的習慣便會造成危害。我們在心底反覆溫習著自己的憂愁，就像把地理學用韻文的方式來背誦複習一樣。

人們應當反過來為精神鬆綁。該立下這麼一條保健規則：「同樣的想法不要重複兩次。」鬱鬱寡歡的人聽了之後會說：「我做不到。我的腦袋天生如此，腦血管內的血流也不是我能管的。」這是當然的。不過，我正巧知道一種按摩頭腦的方法，只需要轉個念頭就可以了；倘若經過訓練，這一點也不難辦到。要讓頭腦清醒，有兩種保證有效的方法：第一種方法是環顧自己的周遭，接受外在景色的洗禮，而世間從來不乏值得一看的美景。另一種方法則是從效果推論原因，如此肯定能趕跑陰暗的念頭，因為因果關係的連結把我們帶往旅程，思緒一下子便飄得老遠。這是用另一種態度去探尋神諭。就好比與其去追問女祭師，她究竟是根據什麼樣的想法來預言我會變成守財奴，我比較想知道她的嘴型是如何形構成守財奴這個字，而不是別的字。這麼一來，我就陷入在母音與子音之間的研究，並被它們之間的自然聯繫所吸引，所有的語音學就會佔滿我的腦袋。某人為了一個噩夢而鬱鬱寡歡，我便提醒他去尋找噩夢真正的原因，那通常只是身體的小小病痛所引起的感覺而已。他於是做出了一些假設，這使我發覺他已經脫離噩夢本身。因為他的思想循環已經恢復暢通了。

76

母乳的禮讚

L'hymne au lait

假使人們願意懷抱著愛去做他所憎恨的一切，
在混雜著好的與壞的人、行動、事件裡，
總是選擇好人、好事，並且愛他們，
這便是一個不小的進步了。
而這也是減少壞人、壞事最有效的方法。

1924.1.21

我在笛卡兒的著作裡找到這樣的想法，那就是愛意有益健康；反之，恨意有礙健康。這個觀念人盡皆知，但卻不真正熟悉。直接了當地說，人們並不相信此理。倘若笛卡兒不是像荷馬或《聖經》那樣不允許被嘲諷的話，他早就是個笑話了。不過，假使人們願意懷抱著愛去做他所憎恨的一切，在混雜著好的與壞的人、行動、事件裡，總是選擇好人、好事，並且愛他們，這便是一個不小的進步了。而這也是減少壞人、壞事最有效的方法。簡言之，這樣做更好、更公正。為好音樂鼓掌，總是比噓壞音樂下台更有效。為什麼呢？因為愛由生理上使人強大，而恨從生理上使人衰弱。不過，對於這些激情的討論，激情的人是一個字都不會相信的。

因此，應當從原因去著手理解。我也是在笛卡兒的作品中找到這些原因的。他表示，我們最初、最早的愛難道不正是透過血液傳遞豐富的養分、潔淨的空氣、宜人的溫暖，也就是所有使一個嬰兒能夠成長的一切？在初生的幾年裡，我們首先從這種愛的語言裡，學會愛的語言。我們透過吸吮乳汁時，所要動用的各個生理器官之間的熱切配合活動來表達、回應這個愛的語言。同樣地，我們最早表示贊同的動作，就是對一碗冷熱適中的湯點頭稱是。而倘若是一碗太熱的湯，孩子的頭部和身體都會做出和上述相反的抗拒姿態。人們的胃、心臟和整個身軀也會拒絕對身體有害的食物，直到用嘔吐的方式把它從體內排除為止。嘔吐是蔑視、譴責、嫌惡的最強烈也最原始的表達。這也是為什麼笛卡兒用跟荷馬風格類似的簡潔和清楚的方式來說明，對所有人都一樣，仇恨有礙消化。

這個令人佩服的觀念可以加以引申，它可以輕易地運用在任何案例上。最初愛的禮讚是母乳的禮讚，嬰兒以動用整個身體機制的方式來歌唱，這指的是他盡其所能地汲取精華，迎接、擁抱這珍貴的食物。而這個生理上的吸吮熱情，是他日後對應世間所有熱情的最初、最真實的一種型態。第一次親吻的經驗不是發生在嬰兒時期嗎？嬰兒永遠不會忘記這最初的崇敬之愛，他往後便學會親吻十字架。因為我們的表達總與身體構造相關聯。同樣地，詛咒也是一種原始的姿態。它是為了排除肺裡的濁氣，為了讓胃吐出酸掉的乳汁、為了自衛所產生的身體律動。用忿忿不平的態度進食，怎麼可能好好地吸收食物裡的養分呢？這就好像讀書，卻不知道該選擇什麼書來讀一樣。你何不去讀讀《靈魂的激情論》[98]？確實，書店老闆連這本書的書名都沒聽過，心理學家也好不到哪裡去。這就說明了知道該讀什麼書並不是件容易的事。

98 即先前所提到的《激情論》，參見第6篇註釋。

77

友誼

Amitié

每個人付出的快樂都能得到回報，
快樂的儲量也同時得到釋放。
朋友雙方都會感到：
「原來幸福就在我自己身上，
而我卻不知道去使用它。」

1907.12.27

友誼當中有美妙的歡愉。只要發現歡愉的傳染性，這一點也不難理解。我的出現能讓我的朋友感到些許真正的歡愉，而這種歡愉的氣氛又會立刻感染上我，讓我覺得愉快。因此，每個人付出的快樂都能得到回報，快樂的儲量也同時得到釋放。朋友雙方都會感到：「原來幸福就在我自己身上，而我卻不知道去使用它。」

快樂的根源來自每個人的內心，我同意這個道理。不過，有些人對自己、對一切毫不滿意，他們用相互譏諷來取樂，沒有什麼比看見這種情景更叫人覺得難受的了。另外必須說的是，一個人如果是孤獨的，即使他很快樂，他也會很快地忘記自己是快樂的這件事。他的所有愉快會開始陷入沉睡，他也會因此逐漸陷入呆滯，甚至麻木不仁的境地。內心的感受需要外部的動作來實踐。倘若某個君王為了教訓我要懂得敬畏權威，而把我關入大牢裡，我會規定自己每天定時大笑，以便維持健康。我訓練我的歡愉，就像訓練腿的伸展一樣。

這裡有一束乾柴，它們的外表跟大地一樣毫無動靜。倘若就這樣丟著不管，它們會變成大地的一部分。不過，它們貯存著從陽光得來的炙熱，星星之火的靠近，便能瞬間使其變成劈啪作響的火堆。只要撞門，就能喚醒囚犯。

因此，需要一種能喚醒歡愉的啟動程序。孩子第一次笑的時候，他的笑不表示任何意義。他並不是很開心才笑的。我認為大抵是因為他笑了，所以才會感到開心。笑和吃東西一樣都能給他帶來快樂，但首先他得吃下東西，才能享受到快樂。這番道理不僅止對笑有用，人們也需要透過講話，才能知道自己在想什麼。處於孤獨的時候，人們無法成為自己。楞頭楞腦的倫理學家最愛說的就是忘我，太過簡單的想法。人們付出的愈多，就愈能形塑自己，也愈能感覺到自己活著。別讓你的乾柴在內心的地窖裡乾枯。

78

關於優柔寡斷
De l'irrésolution

精神的所有威力不在於去確認事實，
而僅在於能做出決斷。
由此便可以看出意志堅定者的祕密，
那就是什麼都不信。
他應機立斷、一舉成局，
兩種猶豫不決的想法也就合一了。

1924.8.10

笛卡兒說：「優柔寡斷是天底下最大的壞處。」他不只一次這麼說，卻從未解釋理由。我認為這是最能夠認識人性的一句話，所有的激情和徒勞的行為都能從中獲得解釋。賭博之所以討人喜歡，是因為賭博讓人有機會行使決定權。這個偶然性遊戲的力量是如此難以被察覺到，因為它只發生在靈魂的頂端，它就像對事物本質的挑釁，讓一切近乎機率相等，並不停助長我們去做小決議。而賭博就是要在這樣成敗機率相等的情況下做出選擇。這種抽象的冒險猶如對審慎反思的一種諷刺，因為必須當機立斷，而賭博的結果也是一翻兩瞪眼。人們不會從中得到毒害思想的懊悔，因為賭博本來就沒有道理可循。賭博使人無法說出「如果我早知道」這樣的話，因為賭博的規則就是無法預知。而賭博做為解悶的唯一藥方也不會令我感到意外，因為無聊的主因是思考，是明知道無濟於事卻仍要去想。

人們可以想想失戀者和不得志者之所以失眠的理由，這類的痛苦全都是思想上的，即便這同樣也可以跟身體有關。讓他們睡不著覺的激動僅只是源自於想得太多，卻下不了決定。偏偏他們的每個想法都讓身體起了連鎖反應，以至於像掉在草地上的魚，翻來覆去地怎麼都無法入睡。在優柔寡斷之中有一種激烈的拉扯不休，才說出「就這樣吧，我要了斷這一切」，大腦又立即給出一個折衷的方案。人們在兩種結果之間猶豫著，絲毫無法前進。實際付諸行動的好處在於人們會立即忘卻那個沒被選中的辦法。更確切地來說，它已不復存在，行動改變了所有相關的局面。然而，光是在腦海中規畫行動於事無補，一切都仍停留在原來的狀態。所有的行動裡都有賭博的成分在，因為行動是在所有可能性被考慮完之前就先結束思想。

恐懼是最純粹的激情，也是最痛苦的一種，它無非是對優柔寡斷的感受，甚至可說是身體上的無力感，是人們感到自己無法下決定的無能為力。頭暈使臉上露出純粹的恐懼，那是無力克服的痛苦，而人們受恐懼之苦往往是因為想得太多，就像煩悶一樣，這種痛苦之最在於人們以為自己絕對無法擺脫它。人把自己當作機器，也因此小看了自己。笛卡兒思想中最精粹的部分就在於這個最高妙的判斷，它既指出原因，也提供解決方案。當機立斷是軍人的美德，這讓我明白為什麼笛卡兒曾經一度投筆從戎。蒂雷納（Turenne）[99]總是在行動，這使他治癒了優柔寡斷的毛病，並把這個毛病贈送給敵方。

笛卡兒的思想活動遵循和蒂雷納同樣的法則。他的思想大膽，以運動為原則，並且不斷決策。一個優柔寡斷的幾何學家會是個天大的笑話，畢竟幾何學需要無窮盡地下判斷。一條線上有多少個點？人們想到兩條平行線的時候又會想到什麼呢？不過，幾何學判定人會知道這個答案，而且一旦決定之後，就不容改變或反悔。只要仔細檢視，人們會發現所有的理論都建立在一下判斷便定案的謬誤上。精神的所有威力不在於去確認事實，而僅在於能做出決斷。由此便可以看出意志堅定者的祕密，那就是什麼都不信。他應機立斷、一舉成局，兩種猶豫不決的想法也就合一了。

99 亨利・德・拉圖爾・奧弗涅，別號蒂雷納子爵（Henri de La Tour d'Auvergne, Viscount de Turenne，1611–1675），法國六大元帥之一。

79

典禮

Cérémonies

顏色很吸引人，
但必須做出選擇卻令人生畏，
而這種痛苦純粹是為了
更好地品嘗解決之道的美好。
就像一齣戲那樣。

1923.9.26

倘若優柔寡斷是世上最大的壞處，那麼典禮、職務、衣裝、時尚就是這世上的主宰。凡是倉促就一定會導致惱火，這倒不是因為人們想著這樣做或那樣做，而是人們感覺到身體裡有兩種行動混淆在一起。這導致為我們服務的肌肉倉皇失措，而這種突如其來的驚嚇，也使得不受控制的心臟頓失分寸。一個需要在驚慌之餘做出決定的人，猶如病人一般。這就是為什麼自由會使人變得凶狠。兒童的行為足以為證，沒有規則的遊戲無不以暴力告終。倘若人們以為自己的劣根性就像拉滿的弓一樣，若非有法律的規範肯定蓄勢待發，會這麼想的人肯定是搞錯了，因為法律討人喜歡。當法律缺席時，人們反而會為優柔寡斷的無所適從所激怒，陷入不悅當中，進而做出荒誕的行為。全身赤裸的人往往有些瘋癲，因為衣裝已然成為一種律法，所以任何法律都像著裝般討人喜歡。在路易十四身邊的人都對他敬若神明，表面上誰也說不出個理由來，其實是他對自己的生活起居，諸如起床、就寢、如廁都建立出一套典法來。並不是他有權力欽定這些律法，正好相反，他有權力是因為他把自己變成典律本身，在他周圍的每個人都知道自己該站在何處、該做什麼，有點像是埃及的和平那樣。

戰爭中的一切都令人討厭。這個推論是錯誤的，因為人們從戰爭中可以立即獲得和平，我指的是真正的和平，那種居處在我們表皮底下的和平心境。在戰爭中，大家都知道自己該做什麼。理智徒勞地指出戰爭之惡，但毫無嚇阻之效，它無法掩藏一種根本的歡愉，那就是每個人都從戰爭中看到屬於自己的、清楚的職務，以及不可推託、必須立即展開的行動。每個人的思想都投注在這個職責當中，而身體則緊隨著思想而行動。這種共同的同意會立即造成一種人類全體的狀態，大家共同承擔一切，猶如一起被捲入漩渦當中。人們訝異於當權者們得以權傾天下，然而他們能得到那麼多，僅只是因為他們要求的很多。這也是寺廟裡的院規能迅速治癒優柔寡斷的原因。勤於禱告的建議對此毫無助益，而是要規定在何時、如何禱告。聰明的當權者往往只給命令而不給理由，因為最小的理由都會立即分裂成兩種想法，然後產生成千個想法。思考當然是一件愉快的事情，不過思考的歡愉要以懂得做決定的藝術為代價。笛卡兒便是這種典範。眾所皆知他曾經參戰，他並非為了追求歡愉，而是為了從某些糾纏甚深的思想中脫逃。

人人皆可嘲弄時尚，然而時尚是一件非常嚴肅的事。聰明人擺出蔑視時尚的態度，但他在這麼做之前，首先會打好領帶。制服和道袍顯示出對保持冷靜的驚人影響力，這是保持蟄伏的衣著。穿戴上這身衣服，就會使人進入一種緩和的溫柔之中，那種最緩和的溫柔，足以使人不加思索地純粹採取行動。時尚也在達到相同的目的，不過它讓人擁有選擇的樂趣，即便這種樂趣是純粹想像的。顏色很吸引人，但必須做出選擇卻令人生畏，而這種痛苦純粹是為了更好地品嘗解決之道的美好。就像一齣戲那樣。因此，昨日紅色讓人產生安全感，到了今天便換成藍色，這是一種意見的一致，恰好證明大家都是對的。由此產生的安寧確實造成美化的效果。因為即使黃色確實與金色不搭、綠色與褐色不配，但是擔憂、欲望和懊悔所造成的臉部表情扭曲肯定與任何人都不搭。

80

新年快樂

Bonne année

我願祝你好脾氣，
這才是應當贈送與接收的禮物。

1910.1.2

在贈禮的時刻，這些禮物所攪動的悲傷更勝於歡樂，因為誰也沒有富裕到可以在毫無賒帳的情況下度新年。不少人暗自嘆氣，想著又會收進或送出多少最後只會肥了商人荷包的東西。下述這個小女孩的一番話，仍在我的耳邊縈繞著。她的雙親有許多朋友，當她在年末收到第一個夾有吸墨水紙的墊板時，她便說：「好吧，吸墨水紙墊板們該大量光臨了。」人們在瘋狂送禮的行為當中，不僅絲毫不帶感情，還往往憋了一肚子的火，送禮的義務把所有好意破壞殆盡。巧克力糖在填飽肚子的同時，也滋養了憤世嫉俗的激情。既然如此，我們只好送得快，吃得也快，時間只要一眨眼就會過去的。

現在說正經的。我願祝你好脾氣，這才是應當贈送與接收的禮物。這個真誠的禮貌讓大家都變得富足，它首先使給予的人富足。這種財富藉由彼此交換而倍增。好脾氣可以沿途播種，播種在輕軌上、在報亭裡都無損其分毫，不管你把它丟在哪裡，它都能生長、開花。某個十字路口突然大塞車，到處都是謾罵和相互指責的聲音，每匹馬都使勁地往前擠，結果誰也動彈不得、無法通行。所有的困境皆是如此；倘若人們願意保持笑容、稍安勿躁，緩和一下忽要馬往東或往西的躁氣，並且彼此協調方向，問題就會迎刃而解。相反地，倘若人人咬牙切齒，自顧自地抓著韁繩指揮，那麼事情便沒完沒了。若是夫人氣呼呼的，廚娘也氣呼呼的，羊腿就肯定會燒過頭，於是雙方大吵一架。所有的普羅米修斯（Prométhée）[100]都太放縱與自由，其實這只需要一點適時的微笑便能解決一切，但是誰也想不到去做這麼簡單的一件事，每個人都使勁拉著那條勒住脖子的繩子，使社群生活加倍的痛苦。你走進一家餐廳裡，敵視著自己的鄰座、菜單和服務生，並就此闖下大禍；壞脾氣從一張臉跑到另一張臉，周遭的每件事都和你犯沖，杯子可能會打碎，服務生可能今晚下班回家會打老婆出氣。請好好理解這種自動機制和傳染性，你便能成為散播歡樂的魔術師或到處賜福的神仙。好好說話、好好道謝，即使小牛肉冷了，也善意的包容。如此一來，你可以順著這個好脾氣的浪潮抵達任何偏僻的小海灘。服務生會換個口氣去跟廚子報備，旁人也會用另一種方式在座椅間穿梭，好脾氣的浪潮會在你周圍擴散，使周遭的一切，包含你都變得輕鬆自在起來。這可以無止盡的擴散下去，不過，得有個好開頭才行。好好地開始一天的生活，好好地開始一年的生活。這條窄巷裡多麼喧鬧！多麼不平靜與暴力啊！直至街頭流血衝突，讓法官不得不插手來管。這些其實都可以避免，只要一個車夫抱持謹慎的態度，用雙手做出小小的舉動。所以應當作個好車夫，在座位上放鬆情緒，好好的駕馭你的馬匹。[101]

100 為人類盜取火種而觸怒宙斯的希臘神明。其名字的意義即為「先見之明」。

101 比喻妥善地管理自己的情緒。

81

祈願
Vœux

有件事是千真萬確的，
那就是快樂的臉會讓
釋出善意的人感到快樂。
更何況，別人會模仿他的示意，
把歡樂無限的傳播出去。

1926.12.20

每當一月花開，人人相互祝福、祈願，這些不過都是示意的動作而已。或許吧，但示意也有其重要性。幾個世紀以來，人們靠著解讀這些示意過活，就好像整個宇宙透過風雲、雷電、鳥飛去祝福一趟豐收的狩獵，或預示一場危險的旅途。不過，宇宙從不停止宣告，而人卻錯把天象當作能表達贊同或譴責的臉孔。我們現在已經稍微從必須徵詢宇宙的意見和意見的內容當中解脫，然而，我們仍在徵詢同類的意見，與意見的內容為何。我們永遠無法不理會別人的意見，因為這個意見一旦被示意出來，它就會深深地改變我們自身的意見。

這個現象很值得注意。人們往往較能好好回應理路清晰、解釋清楚的意見，而較不擅於面對無聲的意見。前一種意見做為建議，往往為人所輕忽，後一種意見卻不容小覷。這種意見會偷襲我們，我們不知道它是怎麼逮住我們的，所以也不知該如何防禦。有些人臉上明擺著對全世界的責難，遇上這種表情，你最好躲遠點，因為人會互相模仿，而在不知不覺間，我的臉也會跟著端起一副責人之相。責怪什麼呢？我一無所悉。不過，這種悲傷的顏色會浸染我所有的念頭和計畫。我為這些因此晦澀的念頭和計畫找理由，也總有理由可找，因為每件事都是複雜的，而風險無處不在。即使只是過馬路，都必須行動以及冒著一定的風險，而我所染上的悲傷使我毫無自信地行動，這意謂著我的行動缺乏一些靈活度和悠遊自如。抱著會被車壓死的心情是無助於一個人過馬路的，相反地，這個念頭會讓他真的癱在馬路上。當要處理的事情比過馬路更花時間、更複雜、更沒把握時，人們會對他從敵人臉上判讀到的預示顯得更加敏感，往往只需要一個眼神就能施展巫術。

回到這個要遵守互相祝福禮儀的節日話題。這是個重要的節日，此時人人從郵差送來的賀卡上看見未來。誰也不知道未來的幾週或幾個月會如何，而要是讓它們染上愁苦的心境那就太糟糕了，所以才會立下這個好規矩，在這個日子裡，人人都只說好兆頭，只表現友誼。迎風飄揚的旗幟使人歡欣鼓舞，縱使誰也不知道升旗者的心情如何。更清楚地來說，展現歡樂的表情對大家都有益處，若是一張陌生人歡樂的臉就更好了，因為我無須深究其意，只要原原本本地接受這番示意即可。這樣最好不過了。有件事是千真萬確的，那就是快樂的臉會讓釋出善意的人感到快樂。更何況，別人會模仿他的示意，把歡樂無限的傳播出去。千萬別以為兒童的快樂只屬於他們自己，我們甚至不需要反思、有愛心，也會被孩子的示意給深深吸引。在這種情況下，人人都會變成保母，因為體會到這種快樂而開始模仿兒童。也是從這樣的過程當中，人們去教育兒童。

節日當天，無論你想不想要，總會為你帶來好處。不過若是你真喜歡這些好處，或是真思量過禮貌的重要性，那麼對你而言，這個節日將是真正的節日。因為這些示意調整了你的想法，讓你下定決心在未來的幾個月裡，絕不表露出任何不豫之色，或任何足以減低他人快樂的不悅之兆。如此一來，首先你會具備足夠的力氣去對付那些雞毛蒜皮的小憂慮，它們小歸小，卻還是能使人陷入憂傷。其次是，這個沉浸在希望中的幸福，會讓你立即感受到快樂。這就是我對你的祝福。

82

禮貌

La politesse

不禮貌的人就算獨自一人時，
也還是缺乏禮貌。
他總是力道過當地行動著。
他的彆扭是如此的醒目，
因為害怕自己而顯得畏縮。

1922.1.6

禮貌像跳舞一樣需要學習。不懂得跳舞的人以為最困難的地方，在於熟知舞步規則和與之協調的動作。這不過是皮毛上的議論，跳舞的訣竅在於不呆板、不手忙腳亂；簡單來說，就是不害怕。同樣地，懂得禮儀規則不過是淺學而已，即便人們進退合宜，也還在禮貌的入門階段。舉止還得講究、靈活、不僵硬、不發抖，因為最細微的顫抖也會被人看穿。而惶惶不安算哪門子的禮貌呢？

我經常聽到一種不禮貌的嗓音，聲樂家會說這是喉嚨太緊、雙肩不夠放鬆的關係。而肩膀的姿態可能會使一個禮貌的舉止變得不禮貌，過度的熱情、強加的自信、過猛的威力也都是一樣的道理。武術教練通常會這麼對學生說：「你力道過當。」擊劍是一種禮貌，學會便能輕易掌握禮貌。所有讓人覺得突然、粗暴的事件都是不禮貌的，就算只是示意或威脅也一樣。不妨說，不禮貌往往是一種威脅。女性會因為受到威脅而花容失色地尋求庇護。一個因為收斂不住力量而顫抖的男人，一旦激動、發怒起來，會變成什麼樣子呢？這就是不該大聲說話的緣故。饒勒斯（Jaurès）[102]在沙龍裡，就像一個毫不忌諱他人眼光和禮數的人，而且往往衣衫不整，不過他的聲音總是很有禮貌、溫柔悅耳，完全不帶任何威脅。這事真是奇妙，因為眾人皆熟知他鏗鏘有力的演說，以及雄獅群眾

102 尚・饒勒斯（Jean Jaurès, 1859–1914），法國社會主義領導者。

的怒吼。威力並不與禮貌相牴觸，它裝飾禮貌，相輔相成。

不禮貌的人就算獨自一人時，也還是缺乏禮貌。他總是力道過當地行動著。他的彆扭是如此的醒目，因為害怕自己而顯得畏縮。我聽過一個畏縮的人公開討論語法問題，他的口吻中充斥著強烈的恨意。激情散播得比疾病還快，我毫不意外會從別人最尋常的意見發表裡聽出他們語帶火氣。這往往只是一種對恐怖的反應，而他們的語氣和白費工夫的自我壓抑都在增長著這種恐怖。迷信可能始於一種不禮貌的態度。即便不是有意的，但是從人們的表達當中，最終仍感受得到。因此，迷信可能是畏縮的後果，它源自於對自己所相信之事無法堅持到底的恐懼。當再也承受不了這樣的恐懼時，便開始對自己、對所有人發火，以駭人的威力傳達最不確定的意見。只要觀察那些畏縮的人是怎麼下決定的，你就會發現痙攣是一種思考的奇怪表現。經由上述，人們明白手中端著茶杯如何使人變得文明。武術教練只消看弓箭手如何攪動咖啡杯裡的小湯匙，就能判斷他在練習場上會有如何的表現。別做多餘的動作。

83

處世之道
Savoir-vivre

禮貌是一種習慣、一種從容。
不禮貌的人往往做出有別於他真正想做的事，
像是碰掉了碗盤或擺設，
總是說出並非發自內心的話，
或者因為生硬的語調、不必要的提高嗓門、
猶豫不決和吞吞吐吐的樣子，
而導致表現出非他所想的態度。

1911.3.21

有一種屈意奉承的禮貌，不僅稱不上好看，也不能說是禮貌。我覺得任何有意為之的事情都算不上禮貌。舉例來說，一個真正有禮貌的人可能會嚴酷、甚至粗暴地去對待一個可鄙、可惡之人。這不算是無禮。故意表現親切絕不是禮貌，逢迎拍馬也毫無禮貌可言。禮貌只跟人們的無心之舉有關，它只反應在我們不是刻意表現的行為上。

一個容易激動、口無遮攔、憑第一印象下判斷，或在還沒弄清楚自己的感受之前，便毫無保留地表現出驚訝或好惡之人，是缺乏禮貌的人。他總是在請求別人的原諒，因為他總在無意間打擾到別人，總是不自覺地使人不得安寧。

因為出言不遜而不經意地傷害到別人，是很痛苦的事。有禮貌的人會在事態無可挽回之前察覺到不對勁，並且不動聲色地轉移話題。不過更有禮貌的做法是預想哪些話可以講，哪些話不該說，只要有拿捏不準的疑慮，就把談話的主控權交給對方。這些都是為了避免在不經意間傷害到別人。倘若一個有禮貌的人認為應當適時地刺激某個危險人物，他就該放手去做；他的舉動展現了嚴格意義之下的道德，與禮貌無關。

不禮貌往往伴隨著笨拙。讓某人意識到自己老了，這是一種惡意。可是，倘若是出於舉止、表情或不謹慎的言詞讓對方察覺到自己的衰老，這就是不禮貌。刻意踩在別人腳上是一種粗暴；若非有意為之，就是不禮貌。不禮貌的行為像打水漂的小石子，會在意料之外連續彈跳。有禮貌的人避免意外，只點出他想點中的地方，因而往往能更順利地達成目標。禮貌不一定等於奉承。

禮貌是一種習慣、一種從容。不禮貌的人往往做出有別於他真正想做的事，像是碰掉了碗盤或擺設，總是說出並非發自內心的話，或者因為生硬的語調、不必要的提高嗓門、猶豫不決和吞吞吐吐的樣子，而導致表現出非他所想的態度。禮貌其實就像擊劍一樣，是可以學習的。自命不凡的人存心標新立異，以至於說出連自己都不甚明白的話語。畏縮的人毫無驕傲自矜之意，但正因為察覺到言行舉止的重要性，所以不知道該怎麼做才好，他全身緊繃、痙攣，以防止自己有所行動或說話，這番努力在他身上發揮了驚人的效果。他渾身顫抖、汗如雨下、臉紅氣喘，甚至變得比平常更加的笨拙。相反地，優雅從容是一種不驚擾、不傷害別人的舉止和言談。具備這些品德對於追求幸福有很大的幫助。處世的藝術千萬別忽略這些品德。

84

讓人開心
Faire plaisir

在不說謊、不卑躬屈膝的情況下，
盡可能地總是讓人感到開心，
而我們幾乎永遠都可能這麼做。

1911.3.8

我曾說過應當教導一種「處世的藝術」。它的規則如下：讓人開心。這個規則的觀點來自於我認識的一個人，他本來脾氣火爆，後來卻改變了性格。這樣一條規則乍看之下很奇怪，讓人開心不就是要人說謊、逢迎奉承嗎？應當如此理解，在不說謊、不卑躬屈膝的情況下，盡可能地總是讓人感到開心，而我們幾乎永遠都可能這麼做。當我們滿臉通紅、語帶尖銳地指出某件令人不快的事實時，這不過是脾氣在作祟，不過是一種當下不知如何治療的急性症狀。事後為此貼上勇敢的標籤其實無濟於事，而且不真的能使人信服。首先，我們並非經過深思熟慮才決定這麼做的，也沒冒多大的風險。由此，我得出一條倫理原則：「唯有在想清楚之後才可對人無禮，而且只對比你強大的人無禮。」不過，當然最好還是不慍不怒，即便說的是真話。而且最好選擇那些值得讚揚的事實來說。

所有事都有值得稱許的部分。我們永遠不可能知道別人真正的動機，而選擇認為別人是節制而非怯懦，是友誼而非狡猾，這並不需要額外花費力氣。尤其是面對年輕人，應當總是將他們的行為動機往好處想，為其打造一個崇高的自我形象。他們會信以為真，並努力使自己的行為配得上這樣的形象。相反地，批評對於改善自身毫無益處。遇上詩人，請記住並且引用他最美的句子；遇上政治家，請因為他沒做過的壞事讚許他。

這讓我想起幼兒園裡發生的一段小插曲。有個小淘氣老是惡作劇和亂塗鴉，某天卻特別做了三分之一頁的筆劃練習。女老師在座位間巡視，順便打分數。她經過小淘氣身邊，卻沒注意到這孩子花了很大力氣寫了三分之一頁的練習，小淘氣直率地咒罵了一聲，畢竟這所學校不是設在聖日耳曼區（Saint-Germain）[103]裡。女老師聽見了，便走回他身邊，什麼都沒說地打了分數。這個分數是針對他的努力練習，而不是因為他說了什麼。

這無疑是個棘手的例子。在一般情況下，人們總是能夠毫不遲疑地微笑，表現出禮貌與殷勤。倘若你在人群裡被無意間碰了一下，請微笑以對，微笑能化干戈為玉帛。為了一點小事而臉紅脖子粗的人，最終只會引來更大的怒氣。因為一笑，你可能避免掉一頓大發火，這就像是避開一場小病一樣。

這便是我對禮貌所抱持的想法，它不過是對付激情的體操。有禮貌意謂著透過全部的舉止和言語去示意表明：「別氣，別搞砸了我們生命中的這一刻。」這是一種報福音的良善嗎？我不認為要到那種程度。況且有時善意也可能變成一種欠缺考慮與羞辱。真正的禮貌比較接近一種具有感染性的愉快，它能緩和一切的摩擦，而這樣的禮貌幾乎不被傳授。在崇尚禮節的社交場合裡，我見過不少卑躬屈膝的人，卻從未見到有禮之人。

103 巴黎市裡的富人區。

85

柏拉圖醫生

Platon médecin

大家都知道能自在地打呵欠、
活動筋骨是種幸福，
但誰也沒想到可以試著
用體操來達到相同的效果，
以便讓它變成解放的運動。

1922.2.4

體操和音樂是柏拉圖醫生的兩大藥方。體操是指規律地使肌肉運動，依循它們的構造做深層的按摩與伸展。痠痛的肌肉就好像滿是灰塵的海綿，要把肌肉當海綿般清洗，反覆地讓它們浸滿水分脹大，再擠壓回原狀。生理學家常說，心臟是一塊空心的肌肉，這是因為透過心臟的收縮和舒張的作用，使密蓋在肌肉上錯綜複雜的血脈交替地擴張和收縮。由此不妨說，每條肌肉都是一種海綿狀的心臟，而可取之處在於，它的運動可以透過人的意志來控制。那些沒有學會用體操控制肌肉的人就是所謂的畏縮之人。他們感覺到血液不規則地亂竄到身體較柔軟的部分，導致他們莫名的突然臉紅，忽而大腦充血、脈搏過快，使其短暫地陷入瘋狂，又忽而所有的臟體彷若被淹沒，這種不舒服的程度眾所皆知。要對付所有上述情形，規律的肌肉練習絕對是個有效的方法。這時候就會需要音樂，循著舞蹈老師的指導以及小提琴伴奏，就能妥善地調節臟體間的循環作用。所以跳舞不僅可以治癒畏縮的毛病，還能透過有節制與平穩地伸展肌肉，來達到減輕心臟負擔的另一種效果。

前幾天，一個深受頭痛之苦的人跟我說，吃飯時的咀嚼運動讓他的頭痛頓時減輕不少。我對他說：「所以你該像美國人那樣，隨時嚼口香糖。」我不知道他試過沒有。痛苦會即刻使我們產生一些形上學的概念，我們想像有一種鬼怪，它穿過我們的皮膚在痛處作怪，使人想要藉由巫術來驅趕它。我們不相信規律的肌肉運動能解決痛苦、能掃除咬人的鬼怪。然而，就普遍的情況來看，並不存在咬人的鬼怪，或者任何類似的東西，這是個糟糕的隱喻。試著單腳站立很長一段時間，你會發現這個不太改變的姿勢會讓人產生強烈的痛苦，而你也不需要做什麼太大的改變，只要把腳放下，就能消除這個痛苦。幾乎在每種情況下，都需要發明一種舞蹈，大家都知道能自在地打呵欠、活動筋骨是種幸福，但誰也沒想到可以試著用體操來達到相同的效果，以便讓它變成解放的運動。失眠的人本應裝出想睡的模樣，感受全身放鬆的幸福，但卻偏偏擺出浮躁、焦慮、生氣的樣子。這些情緒都是驕傲的根源，而驕傲往往招致懲罰。容我暫時權充希波克拉底（Hippocrate）[104]的門徒：「這就是為什麼真正的謙卑是保健的姊妹，是音樂和體操的女兒。」

104 古希臘伯里克利時代的醫生，他將醫學發展為專業科目，區分了醫術和巫術的不同。有「醫學之父」之稱。

86

健康的藝術

L'art de se bien porter

平和的心靈不會得到外在的獎賞，
不過肯定有益身心。

1921.9.28

普遍而言，平和的心靈不會得到外在的獎賞，不過肯定有益身心。人們不會記得快樂的人，可能要在他死去的四十年後，榮耀才會讓他再次被人想起。反過來說，疾病是比欲望更可怕、更難根除之物，而幸福會是最好的武器。對此，憂傷的人辯稱，幸福是結果而非原因，這是把事情想得太簡單了。身體強壯的人熱愛體操運動，然而做運動也會使人身強體壯。簡言之，其實可以這樣想，確實有一種體內的態度，它有助於對抗或消除疾病，而與之相反的另一種態度，一有機會就會毒害、扼斃身體。人們當然不可能像運動手指那樣去伸展、按摩自己的內臟。而由於歡愉是良好體內態度的明顯指標，那麼，想必所有能引起快樂的想法應當也有益健康。這些引起快樂的想法之中，是否也應當包含生病的念頭呢？你會說，這既荒謬也不可能。請稍安勿躁。人們常說，若撇開子彈對生命的威嚇，戰地生活其實對健康大有益處。我對此有親身經驗，因為我曾像養兔場裡的兔子般，在戰壕裡渡過三年的時間。我們在露水未退的清晨時分可以出來遛達三圈，不過只要有任何風吹草動，就得趕緊躲回洞裡。這三年間，除了想睡和疲憊之外，我對任何事情都沒有感覺。不過，我其實患有本世紀最常見的那種胃病，還有打從我二十歲起，我就得了那種只動腦卻不動手的致命疾病。人們都說我的身強體壯歸功於鄉下的空氣和勞動生活，我卻認為另有原因。一個步兵下士老是對我說：「我們哪裡是害怕，我們根本是嚇破膽。」某天，他滿臉幸福洋溢地跑到我的藏身處。他對我說：「我這次肯定病了。我發燒了。軍醫剛才讓我明天再過去一趟，這搞不好是傷寒。我兩腿發軟、頭暈目眩的，這次總該住院了。浸了兩年半的爛泥，也該換來這等運氣了。」不過，我看歡愉已經把他治癒得差不多了。他隔天去見軍醫時，根本檢查不出任何發燒的問題，還健康得可以穿越弗利雷市（Flirey）的邊防[105]，被派駐到戰況更糟的陣地去。

生病不是一件錯事。它既不違反軍紀，也無損榮譽。哪個士兵不曾暗自希望自己的身上出現病徵，甚至是致命疾病的病徵呢？在這樣難熬的戰地歲月裡，人們終究會開始覺得病死也好過於活著，而這樣的想法足以對抗所有疾病。歡樂對身體的好處是任何神醫的藥方都趕不上的，害怕生病則導致生病。據說過去有些隱士把死亡當作神的恩寵，在這種情況下，倘若最後他們長命百歲，我也不覺得奇怪。有些年長者因為專注於自己的興趣，而無暇顧及對死亡的恐懼，這就是他們令人稱羨的長壽祕訣。理解這些事情大有好處，就像理解出於害怕而僵硬的身體反而會讓自己容易摔落馬背，這是很重要的。無憂無慮有時會是一種強而有力的妙方。

105 一九一四年，德法兩國展開弗利雷之戰（La bataille de Flirey），德國成功占領弗利雷市並築起壕溝，切斷此處與東北部大城凡爾登（Verdun）之間的交通。其後爆發凡爾登戰役，這是一戰期間破壞力最大、為期最長的一場苦戰。

87

勝利 Victoires

幸福只有被你緊抓在手裡時才是幸福。倘若你在自己之外的整個世界去找尋它，你絕不會找到看起來像是幸福的東西。

1911.3.18

當一個人開始尋找幸福時，就已經注定找不到它了。這並不奇怪。因為幸福不是櫥窗裡的物件，供你挑選、付費、帶走。倘若你沒眼花，你帶回家的紅衣或藍衣就跟它們被擺在櫥窗裡時，是一模一樣的。然而，幸福只有被你緊抓在手裡時才是幸福。倘若你在自己之外的整個世界去找尋它，你絕不會找到看起來像是幸福的東西。總而言之，幸福無法被理論化或推測，只能被當下擁有。當幸福狀似在未來裡，想清楚點，那是因為你已經擁有幸福了。希望讓人快樂無比。

詩人往往不擅長解釋事物。這我可以理解，因為他們有一大堆的音節和押韻要去調和，最後當然只能說一些了無新意的話。詩人說幸福就在遠方的未來裡閃閃發光，而當人們握住它的時候，它卻變得平淡無奇。因此，幸福就好像想抓住彩虹或留住手心的泉水一樣，遙不可及。但這只是很粗略的講法。除了透過話語之外，幸福是無法被追尋的。而讓那些在自己周圍尋找幸福的人尤其感到失望的是，他們無法對會帶來幸福的事情產生渴望。例如打橋牌，我一點感覺也沒有，因為我根本不知道要怎麼玩。或者拳擊、劍擊也是一樣的。同樣地，必須先克服一點困難，才可能學會享受音樂。閱讀也是必須要有一點勇氣才能讀進巴爾札克的作品，因為開頭總是有點無聊。懶惰的讀者舉止往往相當有趣，隨手翻翻讀個幾行，便把書給扔了。閱讀的幸福是如此難以預料，就連長年的讀者也每每會為此感到驚奇。科學的遠景索然無味，應當身歷其境才會愛上科學。不過起頭的時候，需要強迫一下自己，也總是需要一再克服困難。規律的工作會迎來一個接著一個的勝利，這無疑就是幸福的公式。在一個集體的行動當中，像是玩牌、搞音樂、打仗，往往會產生強烈的幸福感。

不過，也有獨自品嘗的幸福，它們也帶有同樣的印記：行動、工作、勝利。守財奴與收藏家的幸福就屬這類，何況他們本來就很像。奇怪的是，守財奴往往被當作惡習，藏古金幣者尤其如此，而把琺瑯、象牙、繪畫、稀有書籍陳列在櫥窗裡的卻反倒被讚揚？人們譏諷守財奴不願拿金子去兌換其他享樂，卻不知道那些藏書癖者也怕把書弄髒了，而根本不讀書。事實上，這種幸福和所有的幸福一樣，都不可能從遠處去體會。我不集郵，因此我無法體會集郵收藏者的趣味。同樣地，拳擊手熱愛拳擊，獵人熱愛狩獵，政治家熱愛政治。人們在自由的行動中感覺快樂無比，在遵守自己所定下的規矩裡感到快樂無比。一言以蔽之，無論是踢足球或者科學研究，紀律的要求會使人快樂。在外人眼中，這些要求不僅一點都不好玩，甚至討人厭。然幸福的獎賞只通往那些不意圖尋找它的人。

88

詩人 Poète

接受別人實際所是的模樣其實不難，
而且應當這麼做；
然而，要求對方保持他原本的樣子，
這便是真正的愛。

1923.9.12

從歌德和席勒（Schiller）[106]的通信裡，可以看出他們之間感人的友情。他們成為彼此唯一且永遠的支持者，並且要求自己與對方總是坦承相待。接受別人實際所是的模樣其實不難，而且應當這麼做；然而，要求對方保持他原本的樣子，這便是真正的愛。因此，這兩個人能夠按照自己的本性，朝不同的方向發展。他們至少在下面這件事上取得一致的看法，那就是差異是件好事。一朵玫瑰和一匹馬無法比較；不過，在一朵玫瑰和一朵美麗的玫瑰之間，或一匹馬和一匹好馬之間卻存在著價值之別。人們會說，各有所好，無須比較。確實，有人偏好玫瑰，而有人愛馬多一些。不過，玫瑰確有美醜之別，而馬匹確有優劣之別，因為人們在這上面可以取得一致的意見。即便道理如此，這些例子總歸是稍微抽象了一點，上述的比較仍取決於我們個人感覺、需求與使用上的判斷。誰也不會去爭論音樂和繪畫的高下之別，不過，爭論真畫或仿畫確有其益處。人們從真畫中感受到畫家發自內心的展現與解放自然的訊息，而仿畫呈現的是奴役痕跡和外在思想的塑形。這兩位大詩人想必能感受到他們在書寫上的差異。令人敬佩的是，即使他們經常相互切磋、談論完美和理想的典型，卻從未對各自的天分感到迷惘。兩人忠實地給予對方建議，往往會說：「換作我就會這麼做。」不過，他們都很清楚這些勸告起不了作用。

106 弗里德里希・席勒（Friedrich Schiller, 1759–1805），德國詩人。

勸告最終被奉還給勸告者本人，他們最終還是會闖出自己的路。

我想詩人和任何藝術家一樣，當他們有幸能成功時，就知道自己能做什麼與不能做什麼。誠如亞里斯多德所言，幸福是力量的標誌，我相信這項法則對所有人都有用。世界上最難相處的人，莫過於一個自覺無聊的人。凶惡的人對所有事都感到不滿。他們的不滿並非來自凶惡，而是他們對一切都覺得無聊。覺得無聊便意謂著他們完全沒有發揮自己的天賦，只是盲目、機械性地行動。再說，世界上大概只有憤怒的瘋子，才能同時表現極深的不幸與極純粹的凶狠。不過，我們每個人的身上都有這種所謂的凶狠，在這種奴隸式的憤怒裡，我同時感覺到某種機械性與迷惘。相反地，懷抱著幸福所做出來的必然是好事，藝術作品清楚地為此提供證明，人們會贊許畫家的一筆漂亮勾勒為幸運的一筆。所有善的行動本身都是美的，並且會光耀行動者的臉龐，而普世皆知，沒人會對一張漂亮的面孔感到恐懼。因此我推測，完美之間絕不相互牴觸，只有不完美或惡習才相互爭鬥。恐懼便是很明顯的例子。暴君、懦夫的做法是給對手帶上鎖鏈，這種方式對我來說是根本地瘋狂，也是所有瘋狂之母。請鬆開束縛、解放對手且無須恐懼，因為人在自由時是無須武裝的。

89

幸福是美德

Bonheur est vertu

即使是衝鋒陷陣的士兵或墜機的飛行員
也不會拋棄自己的幸福，
因為他們切身的幸福
就如同生命般與之結為一體。
他們像使用武器一樣，用幸福去戰鬥。

1922.11.5

有一種幸福，它與我們的關係不會比一件大衣之於我們來得更親密，繼承遺產或贏得彩票就屬這類，榮耀也在此列當中，因為跟機運有關。相反地，靠我們自身力量掙來的幸福，則與我們形影不離。染上這種幸福的顏色會比羊毛染上紫色更難洗掉。古代的智者從溺水之災中死裡逃生，上岸時已一絲不掛，他卻說：「我把全部財產都帶在身上了。」華格納（Wagner）[107]便是如此帶著他的音樂，而米開朗基羅則帶著所有他能繪出的恢弘線條。拳擊手擁有他的拳頭、雙腳和所有努力的碩果，這種不同於人對金錢和王冠的擁有。不過，擁有金錢也有諸多方式。俗諺說，懂得掙錢的人即使一無所有，他仍是富有的。

古代智者追尋幸福。他們並非追尋鄰人的幸福，而是自己的幸福。今日的智者則一致教育我們，追尋自身的幸福毫無高貴的情操可言，這些話說得臉不紅、氣不喘的。他們有些人大力鼓吹，蔑視幸福是一種良善的德性；有人則宣揚公眾的幸福才是個人幸福的真諦。後者無疑是最空洞的一種意見，因為向周遭的人灌輸幸福，就像往破洞的羊皮袋裡灌水一樣，沒有比這更白費工夫的事情了。我發現，誰也無法讓百無聊賴的人開心起來；相反地，人們卻可以給那些一無所求的人一點東西。例如給音樂家音樂。簡單來

107 威廉・理察・華格納（Wilhelm Richard Wagner, 1813–1883），德國著名作曲家。

說，在沙堆中播種根本無濟於事，我自認了解、也想得透徹這個關於播種人的著名寓言，他認為什麼都沒有的人，也沒有能力去接受任何事物。所以，那些自己強大且快樂的人，會因為別人而變得更強大、更快樂。是的，與快樂的人交往是相得益彰、穩賺不賠的好生意，不過他們得要自己很幸福，才有辦法把幸福帶給別人。明智的人應當想清楚這一點，免得使他們付諸的愛無用武之地。

因此，我以為個人切身的幸福與美德不相悖，不如說這本身就是美德，這是美德這個漂亮的字詞對我們的提示，它與力量相關。[108]也就是說，最完整、清楚意義下的幸運者可以像拋棄一件衣服那樣，輕鬆地丟掉一種與他無關的幸福；不過，他絕不會拋棄自己真正的財富，也無法這麼做。即使是衝鋒陷陣的士兵或墜機的飛行員也不會拋棄自己的幸福，因為他們切身的幸福就如同生命般與之結為一體。他們像使用武器一樣，用幸福去戰鬥，因此才會產生這種說法，隕落的英雄不乏幸福。這或許應當引用斯賓諾沙的想法來談：英雄並非為國捐軀而感到快樂，而是因為快樂，才使他們有勇氣去犧牲性命。但願以此編織十一月的花環。[109]

108 法文中的美德（vertu）源自於拉丁文的「virtus」，力量之意。

109 十一月十一日是第一次世界大戰的停戰紀念日。每年此時，法國人會為陣亡的將士獻花。

90

幸福是如此慷慨

Que le bonheur est généreux

想要快樂，就得要身體力行。
倘若只是對幸福敞開門，
自己卻從壁上觀，
則最終僅有憂愁會找上門來。

1923.4.10

想要快樂，就得要身體力行。倘若只是對幸福敞開門，自己卻從壁上觀，則最終僅有憂愁會找上門來。真正的悲觀主義源自於放任小小的情緒走向憂傷或憤怒。就像無所事事的兒童，不出多久時間，就會變得不開心或煩躁。遊戲對這個年紀的孩子吸引力很大，這跟被水果引發口腹之欲是不同的，而比較像是看別人玩遊戲玩得很快樂，便產生也想要如此的想望。這種快樂的想望可以透過很具體的運動、打陀螺、奔跑或吼叫來實現，只要付諸行動，就能夠擁有。同樣的決心也可以從社交的樂趣當中發現。社交的樂趣在於它是有規矩的，人們從被要求講究穿著與儀態而得到快樂，這便是對規矩的維護。鄉村生活特別吸引都市人的原因則在於有地方可以去。行動會帶起欲望。我以為我們對自己辦不到的事不會產生太多的渴望，因為無望的希望往往會導致憂愁。因此，倘若人人只是等待幸福，把幸福當作自己應得之物，肯定總是過著黯淡無光的生活。

眾所皆知，有些人在家中就像暴君一樣，把這種行為當作一種自私，認為他們眼裡只有自己的幸福，才要求別人順從己意，就太小看這件事了。因為這並非實情。消極地等著幸福使自私鬼陷入陰鬱，即使生活裡毫無煩心的瑣事，他還是會煩悶。因此，自私的人施予愛他或怕他的人的往往是煩悶與不幸。相反地，好脾氣是慷慨的，付出的比回收的更多。我們確實應當想想別人的幸福。然而，應當把這件事講得更明白一些，我們能為所愛之人做的最好的事，就是讓自己開心。

這就是我們從禮貌中學到的事。禮貌是一種表面的幸福，被以禮待之的人，必然還諸於禮，因此施行禮儀的人會產生一種幸福感，這條鐵律卻屢屢遭人遺忘。而有禮之人必會得到獎賞，即使他並不知道報償所在。年輕人若要討人歡喜有個一定靈驗的妙方，那就是在長者面前盡其所能地展現青春的幸福光輝，這麼做就彷彿天降恩賜。所謂恩賜，在這個字的眾多含義當中，有一種指向無須原因的、像泉水源頭般不停湧現的幸福。當年華不再，就需要更注意、更刻意去維護這種美好的恩寵。而無論面對什麼樣子的暴君，一副好胃口、不無聊的模樣往往能使他心情好轉。這就好像有時有些陰鬱的暴君憎惡看到別人歡樂的臉，但那些不斷展現無止盡快樂的人最終可以征服暴君，使他也跟著快樂起來。作家抱持愉快的心情寫作，讀者也會因為感受到這種幸福的表達，打從心底快樂起來。所有的裝飾都是快樂的表達，我們的同類從來都只要求那種使我們自身最感到快樂的事，因此禮貌便有了一個美麗的別稱，叫做處世之道。

91

保持快樂的藝術

L'art d'être heureux

正因為下雨天，
人們才更渴望看見快樂的臉。
所以，請用笑臉面對下雨天。

1910.9.8

應當教育孩子們保持快樂的藝術。這不是厄運當頭還要保持愉快的那種快樂的藝術，那是斯多噶學派的專長。我指的是在環境還過得去的時候，在人生所有的苦澀僅限於小煩悶和小病痛的時候，保持快樂的藝術。

保持快樂的藝術的第一守則就是，千萬別到處向人訴苦，無論是過去痛苦的經驗或者是現正遭逢的痛苦。應當把向他人描述自己的頭痛、噁心、胃酸、腸躁，當作是不禮貌的行為。即使謹慎的選擇措詞，這些話題仍是不禮貌的，遭遇不公義或失望的情緒也不該對人訴說。應當告知孩童、青年，乃至於成人這個太容易為人所遺忘的道理，那就是自怨自艾只會使別人感到難過；也就是說，這最終給他們帶來不快樂，即使他們狀似鼓勵人吐苦水，或樂意安慰人。憂傷就像一種毒藥，人們可能會上癮，卻對身體有害無益，最終還是得靠理智來戰勝一切。人人都在尋活，而非找死。人人都在尋找那些活生生的人，我指的是那些心裡開心，也總是喜形於色的人。倘若大家都朝火堆添火，而不是對著灰燼哭泣，那麼人與人的交往該會有多愉快啊！

請注意，這些都曾是社交禮儀的法則。不能口無遮攔，確實會令人煩躁，中產階級隨後就把坦率而言帶進社交風氣當中；這是件好事，不過不能是大家聚在一起訴苦的理由，這只會導致更深的煩悶。把交往社群擴大到家庭以外是很有道理的，在家庭的小圈子裡，往往會因為彼此過於依賴與放心，而使人們去抱怨一些雞毛蒜皮的小事；假使人們有心要取悅對方，這些小事根本就不會被提及。在權勢者的周圍玩弄手段很有趣，這種樂趣無疑是因為在這種時候，人們會完全忘卻自己的小小不幸，而那些不幸要是抱怨起來，還真是沒完沒了的無聊。人們說這種攻於心計勞神耗腦，不過辛苦會轉變成歡愉，就像音樂家或畫家所費盡的心血。而這些勾心鬥角的人所獲得的第一個好處，就是從小小的痛苦中被釋放出來，因為他們沒機會也沒時間為此浪費唇舌。因此產生下述原則：倘若你不提起自己的痛苦，我指的是你的那堆小煩惱，你就不會老想到它們。

在這個我以為的保持快樂的藝術裡，我還想要加上幾項針對如何恰當運用壞天氣的實用建議。在我寫作時，恰巧下起雨來，雨滴敲響屋瓦，匯集成無數涓涓細流；空氣被洗淨，像濾過了一般清澈，密布的烏雲聲色壯大。應當學會欣賞這幅美景。然而，有人說：「這雨會壞了收成。」另一人說：「泥濘搞得到處都髒了。」而第三個人說：「若沒下雨的話，坐在草地上該多舒服啊。」這些話都沒錯，不過這些抱怨也同樣於事無補，倒是我被抱怨的雨水兜頭淋下，回到屋裡還不得安寧。殊不知正因為下雨天，人們才更渴望看見快樂的臉。所以，請用笑臉面對下雨天。

92

關於保持快樂的義務

Du devoir d'être heureux

想要變得不幸、不開心，
這並不難。
只要呆坐著，
裝出等人來取悅自己
的王子之狀就足夠了。

1923.3.16

想要變得不幸、不開心，這並不難，只要呆坐著，裝出等人來取悅自己的王子之狀就足夠了。用這種想法等著、掂量幸福，把它當作可秤斤注兩的食物，會讓一切都染上無聊的色彩。這樣做並非毫無氣勢，因為需要一種力量才能蔑視所有的奉獻。然而在這之中，我也看到了一種煩躁和怒火，這些火氣瞄準那些只需要很少的工具就能建造出幸福的巧匠，就像兒童造花園那樣簡單。我對這種人敬而遠之，我有足夠的經驗告訴自己，人們無法讓那些自覺鬱悶的人轉而開心起來。

相反地，幸福往往美觀，是世上最美的景物。還有什麼比孩子更美之物？孩子全心投入在遊戲之中，他不等待別人幫他玩。孩子賭氣時，確實會擺出另一種臉色，那是一張拒絕所有歡樂的臉，幸虧孩子忘得快。不過，眾人皆知有些大孩子從沒一刻停止過賭氣，我當然知道他們有理由賭氣，因為保持快樂是很困難的，這需要對抗許多人及許多事，而且有戰敗的可能。世界上當然有很多克服不了的事，有很多不幸遠超過斯多噶學派所能忍受的地步，然而在尚未戰盡最後的一兵一卒以前，不該抱有戰敗的念頭，這或許是保持快樂最清楚的義務。尤其，我覺得這件事似乎是理所當然的，不想要快樂的人不可能會快樂，應當要想望幸福，並且創造幸福。

有件事情總是不夠被強調，那就是保持快樂也是我們對他人應盡的義務。俗話說得好，只有快樂的人才會被愛。然而，人們忘了加註，這是一種公平與等值的回報。

在我們呼吸的空氣周遭布滿了不幸、無聊與絕望，所以應當感謝那些透過他們自身充滿能量的榜樣使我們能渡化這些受瘴癘影響之人；某種程度來說，他們淨化了公共生活，我們應當為他們戴上戰鬥者的桂冠。對情人來說，沒有比誓作快樂人更深情的誓言了，有什麼比所愛之人深陷煩悶、憂傷或不幸當中，更難加以克服的事嗎？男男女女都該時時刻刻記得此事，那就是幸福，我指的是為自己爭取到的那種幸福，是最動人、最慷慨的奉獻。

我甚至想提議表揚那些下定決心要保持快樂的人為公民楷模。我認為，遍地屍首、寸土寸焦、軍餉的龐大支出以及無數的防範性攻擊，這些都是那些不懂得保持快樂，也不容許他人想嘗試保持快樂的人的傑作。小時候，我的外表是屬於重量級選手之類的孩子，少有敗績、少躁動，也很難被激怒，因此有個心裡不痛快、煩悶而瘦弱的羽量級孩子老愛找我麻煩，揪我的頭髮、捏我，並以此嘲弄我，直到我讓他結結實實地吃了一拳，他才結束這些惡作劇。現在，當看到幾個矮子在宣告戰爭、備戰，我絕不聽信他們的理由，因為我太了解這些心存惡意的人，他們受不了別人安靜地待著。安詳的法國、安詳的德國，在我看來都是健壯的孩子，但有一小撮的劣童老找他們麻煩，終究會激起他們的怒火。

93

應當起誓

Il faut jurer

樂觀要求起誓，
我們應當發誓要保持快樂，
所有悲傷的思想都該被當作騙局。
因為只要放任不管，
我們便會自然而然地衍生出不幸。

1923.9.29

悲觀主義出於情緒，樂觀主義出於意志。誰隨著情緒起舞，誰就會變得悲傷，不僅如此，還會很快地開始惱火跟發怒。如同人們所知，孩子們的遊戲裡若是少了規則，馬上會變成一場混戰。原因無他，因為失控的威力會反噬自己。事實上，根本不存在著好脾氣，更準確地說，脾氣總是壞的，而所有的幸福都來自於意志對脾氣的管理。所有的道理都是控制的產物。瘋子把各種脾氣放大展現出來，一個被害妄想症患者談起自己不幸的遭遇，總是煞有介事的繪影繪聲。樂觀的雄辯使人冷靜，與憤怒的滔滔不絕相反，它保持溫和。這種語調形成壓倒性的說服力，就像歌詞的重要性往往低於歌曲本身一樣。人們從脾氣裡往往會聽出一種狗吠聲，而這是第一件要改變的事。因為把它放在體內不是件好事，而表現出來又會給我們添麻煩。這就是為什麼禮貌是政治的重要規矩，這兩個字詞有親緣關係，懂禮貌的人也懂政治。

失眠也有助於理解這個道理。人人都有失眠的經驗，這有時會導致人們覺得生活本身難以忍受。這個問題需要更仔細去看待。自我管理是生活的一部分，更進一步地來說，有條不紊的自我管理使生活的舒適得到保證。這首先取決於行動。鋸木頭可以使人輕易地擺脫諸多白日夢，就像獵犬忙著尋找獵物時，便沒空吠叫。因此對付思想中痛苦所在的第一個妙方，就是去鋸木頭。不過，清明的思想也足以自我鎮定，透過做出抉擇，逐步把自己整理乾淨。而失眠的痛苦如下：人們想要睡著，便命令自己的身體不准動彈、不准策動任何事。由於這種控制的空窗，身體的動作和腦子裡的念頭便自行運轉起來，就像群狗亂吠一樣。每個動作都痙攣，每個念頭都帶刺。此時此刻，人們會疑心自己最要好的朋友，每個示意都從壞的方面去理解，覺得自己又蠢又笨。這些表象是如此的強大，而此時又沒辦法爬起床去鋸木頭。

由此可知，樂觀要求起誓。乍聽之下，這可能有點古怪，但應當發誓要保持快樂，應當讓主人的鞭子去平息群狗亂吠。最後，謹慎起見，所有悲傷的思想都應該被當作騙局。必須如此，因為只要對之放任不管，我們便會自然而然地衍生出不幸，煩悶可以為證。不過，最能讓我們看清楚自己的思想本身並不帶刺，而是本性的激動使我們惱火。那便是快樂的倦怠模樣。在這種狀態下，我們的身體放鬆了戒備，而這種狀態也不會持續太久；一旦如是宣稱時，離睡著就不遠了。睡眠的藝術在此有助於人的本性，它的主要作用在於凡事千萬別只想一半。要不就想個透徹，要不就乾脆放棄，經驗告訴我們，不受管理的想法都是虛假的。這個強而有力的判斷把那些想法貶到夢境之列，並由此衍生了不帶刺的快樂夢境。相反地，解夢之術把一切都看得很重要。這正是不幸之鑰。

論幸福（新版）

「現代蘇格拉底」哲學家阿蘭的教導，成為自己的思想者，在各種環境中保持快樂的藝術

論幸福：「現代蘇格拉底」哲學家阿蘭的教導，成為自己的思想者，在各種環境中保持快樂的藝術／阿蘭（Alain）著；潘怡帆譯
－二版.－台北市：麥田出版：家庭傳媒城邦分公司發行，2021.06
面；　公分
譯自：Propos sur le Bonheur
ISBN 978-986-344-960-7（平裝）
1.阿蘭（Alain, 1868-1951）
2.學術思想 3.哲學
146.73　　110006315

封面設計　許晉維
內文排版　黃暐鵬
印　　刷　漾格科技股份有限公司
初版一刷　2016年8月
二版一刷　2021年6月
二版三刷　2024年7月
定　　價　新台幣360元
ISBN　978-986-344-960-7
Printed in Taiwan

作　　者　阿　蘭（Alain）
譯　　者　潘怡帆
責任編輯　林如峰
國際版權　吳玲緯
行　　銷　闕志勳　吳宇軒　余一霞
業　　務　李再星　李振東　陳美燕
副總編輯　何維民
編輯總監　劉麗真
事業群總經理　謝至平
發 行 人　何飛鵬

出　　版

麥田出版
115台北市南港區昆陽街16號4樓
電話：(02) 2-2500-0888　傳真：(02) 2500-1951
網站：http://www.ryefield.com.tw

發　　行

英屬蓋曼群島商家庭傳媒股份有限公司城邦分公司
地址：115台北市南港區昆陽街16號8樓
網址：http://www.cite.com.tw
客服專線：(02)2500-7718; 2500-7719
24小時傳真專線：(02)2500-1990; 2500-1991
服務時間：週一至週五09:30-12:00; 13:30-17:00
劃撥帳號：19863813　戶名：書虫股份有限公司
讀者服務信箱：service@readingclub.com.tw

香港發行所

城邦（香港）出版集團有限公司
地址：香港九龍土瓜灣土瓜灣道86號順聯工業大廈6樓A室
電話：+852-2508-6231　傳真：+852-2578-9337
電郵：hkcite@biznetvigator.com

馬新發行所

城邦（馬新）出版集團【Cite(M) Sdn. Bhd. (458372U)】
地址：41, Jalan Radin Anum, Bandar Baru Sri Petaling, 57000 Kuala Lumpur, Malaysia.
電話：+603-9057-8822　傳真：+603-9057-6622
電郵：cite@cite.com.my